Computing from the East to the
West and Digital Economy

东数西算与
数字经济

石勇　李彪　寇纲　郭琨 / 编著

人民邮电出版社
北　京

图书在版编目（CIP）数据

东数西算与数字经济 / 石勇等编著. -- 北京 : 人
民邮电出版社, 2024. -- ISBN 978-7-115-65489-2

Ⅰ. F492

中国国家版本馆 CIP 数据核字第 2024XP3088 号

内 容 提 要

　　2022 年年初，八大国家算力枢纽节点建设启动，同时国家规划了 10 个国家数据中心集群，这标志着我国正式全面启动"东数西算"工程。"东数西算"工程是数字经济时代国家新型的重要基础设施，是未来与数字相关的存储、计算和应用发展的基石。本书基于作者多年来实地考察、为各大节点政策制定提供战略支撑的实践经验，系统、深入阐述了数字经济与算力的关系、"东数西算"工程背景及解读、八大枢纽定位与发展现状、"东数西算"绿色发展与网络安全、"东数西算"在大模型时代的机遇和挑战等关键内容，并辅以实际案例，系统展示地方政府、企业等对大数据一体化及算力枢纽节点规划、建设过程中产生的问题和诉求。本书适合制定相关政策方针的政府工作人员、数字经济以及算力等相关领域的科研人员和企业人员以及高校教师和学生阅读，也适合作为对数字经济和"东数西算"工程感兴趣的读者的科普读物。

◆　编　　著　石　勇　李　彪　寇　纲　郭　琨
　　责任编辑　冯　华
　　责任印制　马振武

◆　人民邮电出版社出版发行　　北京市丰台区成寿寺路 11 号
　　邮编　100164　　电子邮件　315@ptpress.com.cn
　　网址　https://www.ptpress.com.cn
　　固安县铭成印刷有限公司印刷

◆　开本：710×1000　1/16
　　印张：9　　　　　　　　　2024 年 12 月第 1 版
　　字数：186 千字　　　　　 2024 年 12 月河北第 1 次印刷

定价：79.80 元

读者服务热线：(010) 53913866　印装质量热线：(010) 81055316
反盗版热线：(010) 81055315
广告经营许可证：京东市监广登字 20170147 号

编者序

本书起源于编者石勇作为国务院参事室调研组核心成员，在2021年4月至2022年7月期间，就"全国一体化大数据中心协同创新体系算力枢纽建设"（以下简称"东数西算"工程）对成渝双城、内蒙古、长三角、粤港澳、贵州、宁夏、甘肃、京津冀等地进行的实地调研。具体调研结果已在《大数据》期刊以"东数西算"专题于2023年第5期刊发。本书编写的目的是从数字经济的角度，宏观地讨论"东数西算"工程对我国经济发展的影响、产生的问题及相应的解决方案。

数字经济是以大数据、智能算法、算力平台三大要素为基础的一种新兴经济形态——以算力平台为基础，用智能算法对大数据进行存储、处理、分析和知识发现等，进而服务于各行各业的资源优化配置和转型升级，促进经济高质量发展。以上三大组成要素对于数字经济而言缺一不可：没有大数据，数字经济便是"无米之炊"；没有智能算法，数字经济就不能"创造价值"；没有算力平台，数字经济将"不复存在"。我们注意到，若把数据、算法、算力相结合的技术统称为"数字技术"，那么人工智能方法就是数字技术的子集，新兴的各类生成式大语言模型（简称大模型）则是人工智能方法的子集。

2024年1月31日，习近平总书记在中共中央政治局第十一次集体学习时强调，科技创新能够催生新产业、新模式、新动能，是发展新质生产力的核心要素。新质生产力本身也是绿色生产力。我国的经济发展主要依靠沿海经济圈，随着数字经济发展对算力的需求持续提升，沿海城市（如上海、深圳）等地的电价也不断上涨，与之相对的是，我国西部地区（如内蒙古）以可再生能源得到的绿电价格偏低，东西部在电力、算力方面存在明显的需求和空间差异。很自然地会考虑到，将东部大量的数据存储于西部、将东部高涨的计算需求转移至西部以降低成本，这就类似于我国之前成功建设的"南水北调"工程，打造全国范围内数据中心一体化格局，并在建设过程中强调集约化、规模化、绿色化，从而助力新质生产力的形成。因此"东数西算"工程建设不仅要依靠科技创新、合理布局、科学实施，还要紧紧抓住绿电利用这一主题。

本书由"东数西算"的概念与背景解读、全国算力网络八大国家枢纽节点的建设情况与发展定位、"东数西算"工程背景下数据中心碳减排效益分析、"东数西算"工程中数据安全治理体系、大模型时代的"东数西算"五个章节组成。为了科学地、快速地建设"东数西算"工程，编者建议：完善跨节点的系统性硬件基础建设，成立与数据中心相匹配的基础电网、互联网设施，提升绿色能源比例、网络基础设施传输效率；形成数据中心统一建设标准，特别关注自主软硬件技术的研发使用，完善评估系统和防范数据安全风险；构建以算力为基础的数据要素创新体系，充分发挥算力、数据两大数字经济核心要素的价值，紧抓数字中国建设机遇、促进转型与高质量发展；同步规划枢纽节点的大数据中心建设与运营，统筹中央政策与地方支持，解决好建设过程中的税收分配、就业等相关问题。

"东数西算"工程启动时间还不久，这样一项系统工程需要持续通过科技创新优化每个节点建设，以达到全局最优。"东数西算"工程必将形成全国数据中心一体化和统一算力枢纽节点的良好格局，促进数据、算力等资源在全国范围内流动，进而加速我国的数字经济与高质量发展进程，推动形成以数据、算力为基础的新质生产力，为建设社会主义现代化强国贡献力量。本书亦是作者对"东数西算"工程调研工作的结果，仅供关心"东数西算"工程和数字经济发展的相关读者参考使用。

我们在实施"东数西算"项目调研的过程中，得到了各地政府部门和有关企业的大力支持与帮助，在此表示诚挚的感谢！亦有众多学者和研究人员参与了本书的编著工作，包括西南财经大学的严云希、李何敏、马文秀、冯锦源等，中国科学院大学的王语农、邓仙念、李沐阳、彭述扬、郑蕾、薛佳玉、曲艺等，在此一并致谢。本编著工作得到了国家自然科学基金项目（No.71932008、No.72231010、No.71910107002）的资助，在此一并致谢。

目　录
Contents

第 **1** 章

数字经济、算力与"东数西算"工程

　　本章介绍数字经济、算力、"东数西算"工程相关内涵和基本情况，帮助读者了解"东数西算"工程在数字经济发展中的重要作用。

1.1 什么是数字经济

1.1.1 数字经济的基本内涵

当今世界已全面进入数字经济时代，数字技术的广泛应用深刻地影响着传统产业的转型升级，并催生了众多的新产业、新业态和新模式。数字经济发展既是当前全球产业创新发展的核心趋势，可有效带动产业迈向中高端，同时又将深刻影响社会发展的方方面面，成为中国式现代化的重要支撑[1]。

数字经济的发展始于数据技术创新和进步，从早期的计算机发明和普及到以互联网为标志的信息化时代，再到大数据、云计算、人工智能、物联网等新技术革命的智能化时代，数字经济作为一种新兴的重要经济形态，是实现国家高质量发展和国际竞争优势的重要衡量指标，因此准确地定义和深入地研究数字经济至关重要。关于数字经济的具体定义，目前国内外尚无统一定论。国外数字经济的相关研究中，Tapscott[2]首先正式提出"数字经济"一词，将其描述为数字化的生产要素。日本通产省根据数字经济表现出的新特征，将数字经济这一概念描述为广义的电子商务。美国商务部1998年、1999年分别发布了两份题为《浮现中的数字经济》[3]和《浮现中的数字经济Ⅱ》[4]的研究报告，这两份报告将数字经济正式定义为电子商务和支持电子商务的信息技术产业之和，并正式将其纳入了经济领域。此后，数字经济得到了国际社会的广泛认可，被国际货币基金组织（IMF）列入了经济统计体系。IMF对数字经济的定义包括狭义和广义两种范畴。狭义的数字经济仅指互联网上的经济活动，如共享经济和平台经济，而广义的数字经济则包括所有基于数字化的经济行为。这些数字化的经济行为涵盖了制造、交通、金融、服务等多个领域，并且对于实现数字经济的可持续发展和促进经济类型转型升级具有重要意义。

我国对数字经济相关问题的讨论源于2013年的香山科学会议[5]。在第462次香山科学会议中，参会学者给出了大数据的中国定义：大数据是来源众多、类型多样、大而复杂、具有潜在价值但难以在期望时间内处理和分析的数据集。2016 年 G20 杭州峰会中发布的《G20 数字经济发展与合作倡议》[6]给出的定义：数字经济是指"以使用数字化的知识和信息为关键生产要素、以现代信息网络为重要载体、以信息通信技术的有效使用为效率提升和经济结构优化的重要推动力的一系列经济活动"。政府层面通过一系列的文件不断完善数字经济的内涵。国家统计局发布的《数字经济及其核心产业统计分类（2021）》[7]对数字经济做了一个基本的界定，把数字经济划分为数字产业化和产业数字化两个方面。中国信息通信研究院（简称中国信通院）发布的《中国数字经济发展白皮书（2022 年）》[8]指出数字经济的发展应将数字技术创新作为核心驱动力，深化数字技术与传统产业乃至实体经济的融合，并且扩展了数字经济的内涵，增加了数字化治理以及数据价值化两部分的定义。罗攀[9]在研究中指出，企业层面上数字经济表述的理解主要体现在企业的经营理念和宣传中，如华为[10]提出"万物生根，夯实 ICT 产业底座赋能中国数字经济发展"，阿里巴巴[11]发展云生态，提出"生于云、长于云，全面构建数字经济开发'生态云'"。总体来说，我国的数字经济定义主要强调数字化的生产要素和数字技术的驱动力，并通过数字技术与实体经济深度融合，不断提高经济社会的数字化、网络化、智能化水平，推动我国新型经济形态升级，加速重构经济发展与治理模式。

对此，本书作者之一石勇在《数字经济的发展与未来》[12]一文中给出了综合的学术定义：数字经济是以大数据、智能算法、算力平台三大要素为基础的一种新兴经济形态，它以算力平台为基础，运用智能算法对大数据进行存储、处理、分析和知识发现等，进而服务于各行业的资源优化配置和转型升级，促进经济高质量发展。以上三大组成要素对于数字经济而言缺一不可：没有大数据，数字经济便是"无米之炊"；没有智能算法，数字经济不能"创造价值"；没有算力平台，数字经济将"不复存在"。我们注意到，若把数据、算法、算力相结合的技术称为数字技术，那么人工智能就是数字技术的子集。

1.1.2 数字经济的三大要素

当前，新一轮科技革命快速发展，数字经济已成为引领全球经济社会变革、推动我国经济高质量发展的重要引擎。本书首先就数字经济的三大要素——大数据、智能算法、算力平台的重要性进行进一步阐述，具体如下。

（1）数字经济要素之一：大数据

第 462 次香山科学会议指出，大数据是数字化时代的新型战略资源，是驱动创新的重要因素，正在改变人类的生产和生活方式。从类别上看，大数据的种类十分多样，几乎涵盖了社会生活的方方面面，如健康、基因、通信、气象、信用、社交等；从来源上看，大数据主要来自政府、企业、开源。

大数据的出现与普及深刻地影响和改变了各行各业：运用大数据开展科学分析不仅可以为决策活动提供有效的支持，也在创新性地改变着人们的生产生活方式。2020 年年初，新型冠状病毒感染疫情暴发时，中国科学院、中国疾病预防控制中心、香港浸会大学团队[13]以 7 个年龄组的人群、4 类场所的社交场合为基础，构建了基于社交接触的异构数据分析模型，对武汉等 6 座城市的疫情病例数据展开了科学分析，揭示了疫情传播的潜在模式与不确定性风险，并根据这些城市对当年国内生产总值（GDP）的预期增幅，提出了多种复工复产方案。这些分析成果被迅速以政策建议的形式上报，为日后的复工复产提供了科学的决策支持，这是基于健康和社交大数据开展科学分析并辅助政府决策的典型成功案例。

对大数据开展科学分析的历史可以追溯到 1783 年——英国统计学家理查德·普莱斯（Richard Price）通过收集和分析遗产税务数据，建立了人寿保险和国债的预测模型。纵观大数据分析的发展历史，其大致可分为 3 个重叠的时期：① 300 年前至今，主要是运用统计学方法分析数据，并得到描述性的结论；② 1956 年达特茅斯会议首次提出"人工智能"概念至今，通过机器学习方法对数据进行处理、挖掘并发现知识，逐渐成为主流；③ 近 20 年来，面向文本、图像等非结构化数据的方法和研究层出不穷，进一步丰富了大数据分析的方法体系，推动了相关学科的进步与发展。

不论历史阶段如何演变，大数据分析始终遵循三大基本原理：① 决策过程，即给定某个数据分析问题的目标，通过对数据进行归一化处理，运用智能算法从中发现知识并应用于决策支持；② 机器学习原理，即通过训练集建立数学模型，通过测试集验证最优的数学模型，进而应用到对新数据的判定，根据不同的具体场景，模型需要反复训练学习以保持其精确度；③ 智能知识发现，即数据分析的"一阶问题"通过数据挖掘获取粗糙知识，其"二阶问题"通过决策者主观知识辨认粗糙知识并由此产生智能知识，进而作为决策支持。

然而，大数据分析的发展过程中仍面临三大挑战：① 非结构化数据的结构化，即如何通过数据融合将文本、图像等非结构化数据转化成结构化数据，然后运用已有的结构化数据挖掘方法进行分析；② 数据的复杂性与不确定性，即如何从不同的场景和角度全方位地复原、展现大数据的整体复杂性与不确定性；③ 数据异构与决策异构的关系，即数据的异构性导致了决策的异构性，以及如何"因地制宜"地用数据异构与决策异构的关系寻找有效的决策支持。

对大数据分析应有这样的科学认识：大数据并不代表总体而是大样本，大样本比小样本更具有普适性；大数据分析应当从粗糙中寻求精确，需要从相关关系中把握因果关系并预测未来。

（2）数字经济要素之二：智能算法

作为数据价值挖掘的工具，算法是从数据通往应用的核心。智能算法是开展大数据分析的数学工具，被广泛应用到各行各业。例如，智能围棋程序 AlphaGo 多次击败职业选手，展示了智能算法超强的学习能力；又如，将哈希函数置入区块链结构并由此诞生的数字货币，深刻地震动了金融市场。智能算法根据人为设定的规则或启发式的方式，通过对个体的学习探索群体的模式，其大致可分为 2 类：① 通过逻辑学习产生，包括深度学习的多种模型；② 通过模拟人与生物的意识及行为产生。通常使用的智能算法包括统计分析、关联规则、聚类方法、深度学习、数学规划、模糊逻辑等。智能算法的数学思想因算法而异。

我们通常接触的是算法在应用端的直观展现，却鲜少洞察其深层的共性结构。如 Transformer 算法，它在文本处理之外，同样在图像和音频分析中发挥着重要作用；Diffusion 模型亦然，其应用已跨越图像生成，延伸至多模态交互和音频/视频制作。

（3）数字经济要素之三：算力平台

算力是进行大数据存储、分析的计算资源，具体形式主要表现为 2 种：① 集中式算力，如超级计算、云计算；② 分布式算力，如计算机、手机。一般来说，算力平台是由整机、芯片、操作系统、应用软件 4 个部分组成。我国的算力平台建设，一方面发展迅猛，另一方面受到"双碳"目标的制约。据统计，2020 年我国数据中心用电量约占全社会用电总量的 2%，并连续 8 年以 12%的速度增长。算力设施整体电耗的 70%来自传统能源，由此产生的碳排放问题异常突出[12]。因此，在部署新的互联网数据中心等算力平台建设时，必须考虑高能耗带来的碳排放问题。

值得警惕的是，虚拟货币的"挖矿"活动会导致超高能耗。据剑桥大学统计[14]，全球比特币"挖矿"年耗电量约为 149.4TW·h。对此，2021 年 9 月国家发展和改革委员会等 11 部门联合开展虚拟货币"挖矿"活动的整治工作[15]，有效遏制了算力资源的滥用和误用，维护了正常的金融秩序。目前，我国在全球比特币"挖矿"活动中所需的计算能力所占份额已从 44%降至 0。

1.1.3 数字经济的产业生态

一般来说，数字经济可分为'数字产业化"和"产业数字化"两个方面。数字产业化指的是数字技术形成产业的过程，为数字经济整体进步提供了基础的技术、产品、服务和解决方案等，如近年来的人工智能、云计算等新兴产业；产业数字化指的是传统产业的数字化升级过程，主要是应用数字技术带来生产力的提升和产量的提高等，如传统汽车生产企业采用自动化生产线。

我国的数字经济产业生态在数据要素、人工智能、应用和算力 4 个方面进展显著。

在数据要素化方面，中共十九届四中全会首次公开将"数据"作为与劳动、土地、资本等并列的生产要素之一，数据要素被列为数字经济的核心资源。特别是《中共中央 国务院关于构建数据基础制度更好发挥数据要素作用的意见》（简称"数据二十条"）[16]的出台，极大地推动了数据要素产业生态的发展。当前为了促进数据要素的流通和价值释放，我国加快了数据确权和交易机制的建设，多个数据交易所，如上海数据交易所、北京国际大数据交易所和贵阳大数据交易所的设立推动了数据的合法流通与交易进程。同时，我国也增加了数据治理和安全管理的内容，通过标准化、数据清洗和数据脱敏等技术保障数据安全。未来，我国将进一步完善数据产权制度，扩大数据交易市场，强化数据治理技术的创新，推动数据要素的深度挖掘与应用。

在人工智能算法领域，我国政府发布了一系列支持 AI 发展的政策和规划，如《新一代人工智能发展规划》[17]，明确了 AI 发展目标和路径。国内的研究机构和互联网公司在 AI 算法、深度学习和自然语言处理等技术上取得了显著进展，科技企业（如百度、阿里巴巴、腾讯）和清华大学人工智能研究院、中国科学院自动化研究所等科研机构在 AI 研究和应用方面处于领先地位。AI 技术在智能制造、智慧城市、医疗健康和金融服务等领域的应用日益广泛，提升了各行业的智能化水平。2024 年，我国政府工作报告中明确提出了把"人工智能+"作为十大任务之一来推进[18]。未来，我国将继续加强 AI 基础研究，扩大 AI 在传统行业的应用范围，并完善 AI 伦理和法律框架，确保技术的安全、合规使用。

在数字产业应用场景方面，我国的产业丰富多样，互联网经济、智能制造和智慧城市建设都在快速推进。电子商务、移动支付和社交媒体等互联网应用已深度融入人们的日常生活，涌现出阿里巴巴、字节跳动、腾讯等一批在全球范围内具有重要影响力的数字企业。此外，制造业的数字化转型也在加速推进，通过工业互联网和智能制造技术提升生产效率和产品质量。各地智慧城市建设如火如荼，涵盖交通、能源、环保和公共服务等多个方面，并取得显著成效。未来，我国将深化各行业的数字化转型，推动新兴技术的探索与应用，提升数字应用的用户体验和服务质量。

在算力基础方面，受美国对我国的芯片禁令影响，我国在高端算力方面面临着巨大的挑战。通过构建全国一体化大数据中心（简称"东数西算"工程）等国家战略工程，我国加大了对大规模、超大规模数据中心和超级计算机的建设，通过合理布局、自主创新等方式，构建全球领先的计算能力。国家超级计算广州中心、天河二号等超级计算机展示了中国在传统超算算力方面的优势，但未来的人工智能需要大量的分布式异构算力，我国也正在加大智算中心建设的力度。云计算平台方面，阿里云、腾讯云和华为云等已经成为重要的基础设施，为各类企业提供强大的计算支持，边缘计算技术也在不断发展，满足实时性和低延迟的需求。未来，我国将继续提升计算能力，建设和升级超级计算机和数据中心，推动云计算与边缘计算的协同发展，并发展绿色数据中心和低能耗计算技术，确保算力基础设施的可持续发展。

随着大模型的发展，数字产业生态的各个方面都将迎来深远变革，同时带来诸多机遇和产业空间。首先，大模型的强大自然语言处理和生成能力将进一步提升 AI 在各行业中的应用效果，从而推动智能制造、智慧城市和智能服务的发展。例如，大模型可以用于智能客服系统，提供更精准和高效的客户服务，提升用户满意度。在智能制造中，大模型能够优化生产流程，实现更高效的资源配置和管理。此外，大模型还具有处理海量数据的能力，提供更高效的数据分析和决策支持，为数据要素市场的优化和发展提供强大助力。对数据进行深度挖掘和分析可以发现潜在的市场趋势和商业机会，助力企业制定更科学的经营策略，提升市场竞争力。

大模型的广泛应用将促进技术创新和新应用场景的开发，推动数字经济的不断进步。大模型可以在医疗、金融、教育等领域引入新的应用场景，如在医疗诊断中进行精准诊断和治疗方案推荐，在金融领域进行风险评估和市场预测。大模型还将变革教育和培训方式，通过提供个性化的教学方案和智能辅导提升人才培养质量，支持数字经济的人才需求。与此同时，随着大模型的发展，伦理和安全问题将变得更加重要，亟须完善相关法律法规，确保技术应用的安全性和合规性。例如，制定人工智能伦理准则，规范大模型的开发和应用，防范技术滥用和潜在风险，加强数据隐私保护和信息安全管理，确保用户数据的安全和隐私不受侵犯。总之，大模型的发展将为我国的数字经济产业生态带来更多机遇和挑战，推动数字经济迈向新的高度。通过不断地创新技术、完善制度，提升各行业的智能化水平和竞争力，我国的数字经济产业生态将迎来更加光明的未来。

1.1.4　我国数字经济的发展现状

放眼全球，新一轮科技革命和产业变革深入发展，大数据、云计算、人工智能、区块链等数字技术创新活跃，数据作为关键生产要素的价值日益凸显，数字化转型深入推进，新产业、新业态、新模式蓬勃发展，数字经济成为重组全球要素资源、重塑全球经济结构、改变全球竞争格局的关键力量。

立足国内，数字经济是构建中国式现代化经济体系的重要引擎。高创新性、强渗透性、广覆盖性的特点，使其成为新的经济增长点，同时是提升传统产业的支点。此外，数字经济也是构建双循环发展新格局的有力支撑。构建新发展格局的重要任务是增强经济发展动能，数字技术可以推动各类资源要素快速流动、各类市场主体加速融合，帮助市场主体重构组织模式，实现跨界发展，打破时空限制，延伸产业链条，畅通国内外经济循环。

党的十八大以来，我国数字经济建设取得了举世瞩目的成就：大数据、人工智能、云计算等新技术加速创新，日益融入经济社会发展的各领域、全过程。我国现已成为规模优势明显、产业局部领先的数字经济大国。习近平总书记多次就数字经济相关问题发表重要论述，为我国实现从数字经济大国到数字经济强国的历史性跨越提供了思想指导和行动指南。

2021 年 3 月 11 日，全国人大表决通过了《中华人民共和国国民经济和社会发展第十四个五年规划和 2035 年远景目标纲要》（简称"十四五"规划）[19]，数字经济正式被写入"十四五"规划，成为国家经济发展的重点。其中，构筑数字基础以加快数字化发展、服务数字中国建设，成为当前的首要任务，最终促进数据要素高度渗透生产生活的方方面面，提高经济发展效率，驱动社会变革，建设智慧、绿色、健康、和谐、高效的新数字经济发展模式。2022 年 1 月 16 日出版的《求是》杂志发表习近平总书记重要文章《不断做强做优做大我国数字经济》。文章强调，数字经济发展速度之快、辐射范围之广、影响程度之深前所未有，正在成为重组全球要素资源、重塑全球经济结构、改变全球竞争格局的关键力量[20]。2023 年 2 月，中共中央、国务院印发了《数字中国建设整体布局规划》（简称《规划》）[21]，为以数据要素为核心的数字中国建设提供了整体的纲领和路径。《规划》明确了数字中国建设的"2522"整体框架，具体布局如下：首先，夯实数字基础设施和数据资源体系，这两个基础是数字中国建设的关键；其次，推动数字技术与经济、政治、文化、社会、生态文明建设的深度融合，实现"五位一体"发展；再次，加强数字技术创新体系和数字安全屏障的能力，确保数字中国建设的创新和安全；最后，优化数字化发展的国内环境和国际环境。

以上举措无一不体现出国家对数字化发展的高度重视。据统计，截至 2023 年年底，全国数据产量增势迅猛，达 32.85ZB；我国算力基础设施建设达到世界领先水平，算力总规模高居全球第二位，其中智能算力占比超过 30%[22]。我国数字经济规模连续多年位居全球第二，截至 2022 年，我国数字经济规模达到 50.2 万亿元，占国内生产总值的比重为 41.5%（如图 1.1 所示），数字经济已成为驱动我国经济高质量发展的重要引擎之一。

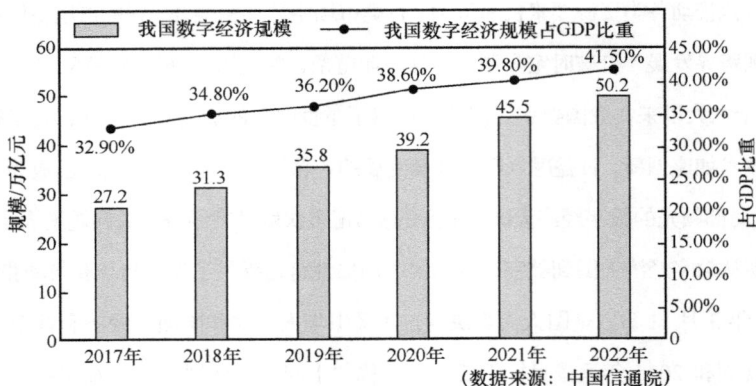

图 1.1　2017—2022 年我国数字经济规模及占 GDP 比重

面对世界百年未有之大变局和新型冠状病毒感染疫情大流行的交织影响，我国在数字经济建设方面仍存短板，特别是在数据治理、关键技术工程、民生社会服务等方面尚面临诸多挑战。算力作为数字基础设施的重要一环，为数字基础设施高效连通提供强有力的支撑，随着大模型的发展，算力在数字经济发展中的作用越来越大。因此，为了更好地部署全国的算力，国家发展改革委、国家数据局、中央网信办、工业和信息化部、国家能源局在 2023 年 12 月 25 日联合发布了《关于深入实施"东数西算"工程 加快构建全国一体化算力网的实施意见》[23]，提出深入实施"东数西算"这一关键技术工程，以算力高质量发展赋能经济高质量发展为主线，充分发挥全国一体化算力网络国家枢纽节点（以下简称"国家枢纽节点"）引领带动作用，形成跨地域、跨部门协同发展合力，统筹通用算力、智能算力、超级算力协同计算，东中西部地区及大中小城市协同布局，算力、数据、算法协同应用，算力和绿色电力协同建设，算力发展和安全协同保障，构建联网调度、普惠易用、绿色安全的全国一体化算力网。通过整合全国资源，统一部署，网络连接多源异构、海量泛在算力，实现资源高效调度、设施绿色低碳、算力灵活供给、服务智能随需，助力网络强国、数字中国建设，打造中国式现代化的数字基座。这也是本书关注的核心内容，即算力与数字经济。

1.2 算力的发展历程

1.2.1 算力的定义与分类

根据《中国算力发展指数白皮书（2022 年）》[24]，算力是指通过对数据进行处理后实现结果输出的一种能力，常用的计量单位是"每秒浮点运算次数"，其英文为 Floating Point Operations Per Second，缩写为 FLOPS。注意不要和"浮点运算次数"混淆，后者英文为 Floating Point Operations，其缩写为 FLOPs。此处的"浮点数"一般指单精度浮点数，即 32 位浮点数（FP32）。

在衡量算力的大小时，常以 K、M、G、T、P 等前缀衡量其数量级。例如"天河二号"的理论计算峰值达到 100PFLOPS[25]，即意味着"天河二号"的理论峰值计算速度可达到每秒 10^{15} 次浮点运算。又如 NVIDIA 的 P4 产品，其单精度浮点运算能力约为 5.5TFLOPS[26]（如图 1.2 所示）。

规格	
GPU 架构	NVIDIA Pascal™
单精度浮点运算能力	5.5 TeraFLOPS*
整数运算能力（INT8）	22 TOPS*（万亿次运算/秒）
GPU 显存	8GB
显存带宽	192 GB/s
系统接口	PCI Express半高外形
最大功耗	75W
已使用页面迁移引擎提升编程能力	是
ECC保护	是
针对数据中心部署优化服务器	是
硬件加速视频引擎	1个解码引擎 2个编码引擎

*启用加速频率

图 1.2 NVIDIA P4 产品算力说明书截图

在人工智能与深度学习领域，因为往往需要大量进行矩阵运算中的乘法与加法操作，所以常用"乘加操作数"衡量计算量。其英文为 Multiply-Accumulate Operations 或 Multiply-Add Operations，可缩写为 MACs、MACC 或 MADD。1MACs 表示进行一次乘法和一次加法。因此对于深度神经网络的推理过程，其 FLOPs 约为 MACs 的二倍。

根据《中国算力发展指数白皮书（2022 年）》[24]，算力主要可分为通用算力、智能算力、超算算力、边缘算力 4 个部分。通用算力主要指 CPU 芯片输出的计算能力；智能算力以 GPU（图形处理器）、FPGA（现场可编程门阵列）、AI 芯片等输出的人工智能计算能力为主；超算算力主要以超级计算机输出的计算能力为主；边缘算力主要以就近为用户提供的实时计算能力为主，例如手机、自动售货机、共享单车等，该概念并不基于算力的硬件进行区分，可以是以上 3 种算力形式的组合。

1.2.2　国内外算力的发展现状

（1）国外发展现状

由于全球数字化发展加速，算力建设愈发得到世界各国的关注。自 2015 年起，美国政府开始推行"国家战略计算计划"（NSCI），并不断完善战略部署；欧盟实施"欧洲高性能计算共同计划"，发展下一代超级计算技术；日本将先进计算纳入重点支持的高新科技领域，加大科研资金投入。但国家间算力发展水平不均，算力鸿沟较大，特别是广大亚非拉地区的欠发达国家，极度缺乏数字发展所必需的物质基础，算力水平较低。人工智能时代，由于算力基础设施设备所需科技水平更高，因此造价也更加昂贵，远非一般国际关系主体所能承受。譬如，2022 年，欧洲首台 E 级（即 EFLOPS，每秒浮点运算百亿亿次）超级计算机的研发计划获得了 5 亿欧元的总预算；2023 年，英国政府宣布为建造超级计算机提供 9 亿英镑的资金预算，但依然有人认为该预算过低，应扩充至数十亿英镑水平[27]。人工智能企业背后的算力成本同样高昂。

据 TrendForce 集邦咨询估计，2020 年 GPT 模型处理训练数据所需的 GPU 达到约 20000 个 NVIDIA A100。而 ChatGPT 商业化所需的 GPU 数量预计将达到 30000 个以上[28]。

算力发展的主要驱动力是以人工智能为代表的新技术和新应用的崛起，尤其是大模型训练的需求。由此可见，算力发展分化与鸿沟问题在人工智能时代更加凸显。

IDC、清华大学全球产业研究院和浪潮信息联合发布的《2022—2023 全球计算力指数评估报告》[29]通过综合计算能力、计算效率、应用水平和基础设施支持 4 个维度的评估，得出国家算力评分，将国家分成领跑者国家（60 分以上）、追赶者国家（40～60 分）和起步者国家（40 分以下）3 个梯队。美国和中国分列前两位，同处于领跑者位置；追赶者国家包括日本、德国、新加坡、英国、法国、印度、加拿大、韩国、爱尔兰和澳大利亚；起步者国家包括意大利、巴西和南非。最高得分者为美国，其算力指数得分是排名末位者南非的 2.7 倍，是中间者加拿大与韩国的 2 倍左右。美国算力占全球算力的 31%；美国以基础算力为主，占全球基础算力的 35%，智能算力占全球的 15%，超算力占全球的 30%。

（2）国内发展现状

我国算力发展成就显著，近 5 年来，我国算力规模的平均年增长率为 46%，对我国经济社会和产业能级发展的动力支撑作用不断增强。2021 年，我国智能算力规模达 104EFLOPS，基础算力规模达 95EFLOPS，超算力规模约为 3EFLOPS[30]。2022 中国算力大会上，工信部相关负责人披露，我国算力规模占全球的 36%，是仅次于美国的全球第二大算力国[31]。截至 2022 年年底，我国算力总规模已经达到了 180EFLOPS，年增长率近 30%，算力核心产业规模已达到 1.8 万亿元。截至 2023 年 6 月，我国在用数据中心机架总规模超过 760 万标准机架，算力总规模达到 197EFLOPS，存力总规模达到 1080EB，年增速达到 25%。中国信通院的研究报告《中国算力发展指数白皮书（2022 年）》[24]显示，按照服务器算力总量（=年服务器出货规模×当年服务器平均算力）估算，在全球算力规模中，我国已与美国并驾齐驱，分别占据了 33% 和 34% 的市场份额。从应用领域来看，我国的算力应用领域由早期的互联网行业逐渐扩展到工业、教育、医学研究等领域。

1.2.3　我国算力发展面临的挑战

但中国信通院院长余晓晖[32]指出："我国算力基础设施建设已达到世界领先水平，然而标准化、普惠化算力服务统一大市场尚未形成，存在算力供给紧张与部分算力未能有效利用的矛盾。"例如，我国东部经济发达地区算力供不应求，但区域内算力资源供给能力和增长潜力有限；西部地区具有大规模算力设施发展的资源禀赋优势，但本地需求不足，资源利用率不高。因此，需要在统筹全国算力设施区域优化布局的基础上，解决好算力服务统一市场构建和资源全域有效利用的问题。

中国信通院在其发布的《中国算力发展指数白皮书（2023年）》中深入分析了我国算力发展的现状与面临的挑战[33]。其中，供需不平衡问题尤为突出，主要由于人工智能大模型等新兴应用的快速发展导致算力需求急剧上升，而现有算力供给难以跟上这一增长速度。此外，算力增长对计算技术的持续创新提出了更高要求，但摩尔定律的逐渐失效对算力规模提升构成了挑战，新技术和新架构的演进及产业化过程中存在较大差距[34]。

在产业生态构建方面，尽管我国在算力技术和产业方面取得了一定的进展，要形成完整的产业生态，仍需进一步推动产业链上下游的协同发展，并加强核心技术的研发与应用。同时，复杂严峻的国际形势可能对算力技术的全球合作和产业链稳定性造成影响，给我国算力的持续发展带来挑战。

环境要求与能源约束也日益凸显，数据中心和计算设施规模的扩大带来了能源消耗和环境影响问题，实现绿色可持续发展成为重要挑战。此外，算力基础设施的建设和维护需要巨额投资，算力服务的成本控制也是推广应用时必须考虑的问题，尤其是在经济增长放缓的背景下。

1.3 "东数西算"工程与数字经济的关系

1.3.1 "东数西算"工程的政策背景

为了更好地服务国家数字经济的重大发展战略，2020年12月23日，国家发展改革委发布了《关于加快构建全国一体化大数据中心协同创新体系的指导意见》[35]，提出构建大数据中心体系、优化数据中心布局、推动算力资源服务化、加速数据流通融合、深化大数据应用创新等要求。2021 年 5 月 24 日,国家四部委共同深化实施细节,发布了《全国一体化大数据中心协同创新体系算力枢纽实施方案》[36],明确在京津冀、长三角、粤港澳大湾区、成渝、贵州、内蒙古、甘肃、宁夏 8 个区域建设大数据中心的算力枢纽节点。2022 年 1 月和 2 月初,国家发展改革委批复分别同意了 8 个节点的启动建设方案,标志着全国大数据中心节点建设正式启动,"东数西算"工程正式开始。大数据一体化的相关文件发布之后,8 个区域根据各自的定位和特色积极响应国家的数据产业发展规划。由于贵州、内蒙古、甘肃、宁夏 4 个节点位于资源丰富的独立省份,且大数据中心的存量有限,在建设方案的规划制定方面更容易取得一致性的结果。2022 年 1 月 12 日,国家发展改革委同意了该 4 个省份的启动建设方案,初步明确了省内数据节点的范围、职能、发展目标、能耗要求等。另外 4 个数据中心节点主要位于经济发达地区,其发展建设方案协调了内部的产业条件、资源条件、区位规划等多方面因素,于 2022 年 2 月 23 日得到了国家发展改革委等部门的批复。该批复标志着"东数西算"工程建设全面启动。

"东数西算"工程旨在通过建立我国东西部地区算力疏解通道来缓解我国东中西部算力资源分布不均衡的局面,打破东部地区发展空间限制,助力西部地区打造新的数字经济增长极。

1.3.2 "东数西算"工程的内在逻辑:算力基础设施化

基础设施是指用于保证国家或地区社会经济活动正常进行的公共服务系统。在数字经济时代,算力正在像水、电一样成为基础设施。《<算力基础设施高质量发展行动计划>配套解读》[37]中指出:算力基础设施是向社会提供"算力"这一新型生产力的设施。算力基础设施是新型信息基础设施的重要组成部分,呈现多元泛在、智能敏捷、安全可靠、绿色低碳等特征,对于助推产业转型升级、赋能科技创新进步、满足人民美好生活需要和实现社会高效能治理具有重要意义[37]。结合"东数西算"工程的战略部署,可从以下 4 个视角来分析其内在逻辑。

（1）经济形态视角

算力是数字经济高质量发展的重要支撑。算力是数字经济的三大要素之一，《2021—2022 全球计算力指数评估报告》[38]显示，计算力与经济增长紧密相关。计算力指数平均每提高 1%，数字经济总量和 GDP 将分别增长 3.3‰和 1.8‰。2016—2020 年，我国每年算力规模平均增长 42%，数字经济规模增长 16%。到 2025 年，我国数字经济规模有望突破 80 万亿元，2030 年有望突破百万亿元。计算力已成为衡量经济和社会发展水平的重要指标。基于此，以"东数西算"工程推动国家东西部算力资源均衡化发展对算力经济有重要的积极影响。全球数字经济的发展趋势显示，产业数字化持续成为推动经济增长的主引擎，占数字经济比重的 85.3%[39]。这表明，算力不仅是科技竞争的关键，也是推动产业升级和经济结构转型的重要力量。随着 5G、云计算、大数据、人工智能等技术的发展，算力在工业、医疗、交通、能源等行业的应用不断深化，成为推动实体经济数字化转型的关键支撑。

（2）技术趋势视角

算力基础设施化将催生新的技术体系。1961 年，美国科学家约翰·麦卡锡提出，算力应该像水电资源一样随用随取。然而，在用电成本、网络传输成本等多重因素的叠加影响下，算力资源的使用成本尚未达到普惠水平，这在一定程度上制约着小微企业和科研机构等主体的使用积极性，算力需求端的潜力远远没有释放。当算力成为人人易获取又低价的生产资料时，市场活力将更容易被激发，也更有可能反向催生新的技术体系。

（3）科技竞争视角

算力成为全球科技竞争新型战略资源。在当前形势下，数字新基建被赋予新的使命。据统计，2020 年年末，我国在用数据中心机架达 500 万架，年均增速达全球平均水平的 2.3 倍。算力总量与数字经济规模息息相关。美国 2020 年数字经济规模总量为 13.6 万亿美元，我国仅有 5.4 万亿美元，美国、德国、英国数字经济占 GDP 比重均超过 60%，我国仅为 38.6%。

（4）成本收益视角

算力优化布局带来显著的经济社会效益。相较于东部，西部建设运营数据中心涉及的成本除了土地、设备、资源成本、人员薪酬等，还包括跨区通信成本。其中前几者均显著低于土地资源紧张、设备/资源成本高、劳动力成本高的东部地区。而通信成本并不显著高，故西部地区数据中心的运行成本远低于东部地区。

我们以我国东西部实际建设运行的大型数据中心为例,分析实施"东数西算"工程的数据规模与经济效益。测算结果显示:在现有网络运营商的网络条件下,"十四五"期末,东部约有 585.67EB 的数据可向西部流动,"东数西算"工程将为市场节省成本约 3.5%,带动西部就业 1.3 万人起。在当前网络传输条件下,若将东部可迁移数据全部西迁,"十四五"期末将节省约 185.49 亿元的数据中心建设运营成本(如图 1.3 所示),包括 49.63 亿元的数据中心一次性建设成本和 135.86 亿元的运维成本。在一次性建设成本中,机电建设成本约占 80%,机房园区配套建设成本约占 20%,土地成本仅占 0.3%。在运维成本中,用电成本约占 64%,网络租赁成本约占 32%,人工成本占比较小。总体来看,在东西部建设数据中心,一次性建设成本差异较小,但随着逐年累积,运维成本的差距越来越大,"东数西算"工程效益将日益凸显,升级节点间直连网络条件对"东数西算"工程成本节约将有进一步的放大作用。

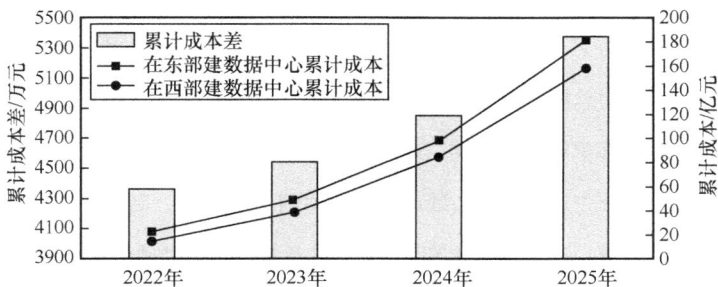

图 1.3 现有网络条件下"东数西算"工程成本节约效应

1.4 "东数西算"工程的发展现状与面临的挑战

1.4.1 "东数西算"工程的发展现状

整体来看,2022 年 9 月,《东数西算下新型算力基础设施发展白皮书》发布,这是我国"东数西算"工程实施以来的首部算力设施白皮书[40]。2022 年 9 月 26 日，国家发展改革委举行发布会称，"东数西算"工程的 8 个国家算力枢纽节点建设方案均进入深化实施阶段，起步区新开工数据中心项目达到 60 余个，新建数据中心规模超过 110 万标准机架，项目总投资超过 4000 亿元[41]。2022 年 10 月 8 日，"东数西算"八大枢纽节点间的算力网络及调度平台建设战略合作签约仪式举行[42]。2023 年 12 月，国家发展改革委、国家数据局、中央网信办、工业和信息化部、国家能源局联合印发《深入实施"东数西算"工程 加快构建全国一体化算力网的实施意见》，提出到 2025 年年底，综合算力基础设施体系初步成型[23]。2024 年 3 月，"东数西算"工程国家工程关键技术——首条 400G 全光省际骨干网正式商用[43]。

国务院新闻办公室于 2024 年 7 月 22 日举行"推动高质量发展"系列主题新闻发布会。国家数据局数字科技和基础设施建设司司长杜巍在会上表示，2022 年 2 月，在京津冀、长三角、粤港澳大湾区、成渝、内蒙古、贵州、甘肃、宁夏八地启动建设国家算力枢纽节点，并规划了 10 个国家数据中心集群，正式启动"东数西算"工程。两年来，在相关部门和各枢纽节点的共同努力下，"东数西算"工程取得积极进展。截至 2024 年 3 月底，10 个国家数据中心集群算力总规模超过 146 万标准机架，整体上架率为 62.72%，较 2022 年提升 4 个百分点；东西部枢纽节点间网络时延已基本满足 20ms 要求；数据中心绿电占比超过全国平均水平，部分先进数据中心绿电使用率达到 80% 左右，新建数据中心 PUE 最低降至 1.10。"东数西算"工程的实施带动了 IT 设备制造、信息通信、基础软件、绿色能源等产业链发展，提升了国家整体算力水平[44]。

"东数西算"工程主要发展现状可概括为以下几个方面。

（1）规划政策支持

规划和政策方面，成渝节点印发《全国一体化算力网络成渝国家枢纽节点（四川）实施方案》[45]，强化统筹布局和要素保障，加快算力设施建设。宁夏节点印发《全国一体化算力网络国家枢纽节点宁夏枢纽建设方案》[46]，明确 2022 年宁夏枢纽建设 40 项工作要点任务，确保一批"东数西算"典型示范场景和应用加速落地，2023 年 2 月 24 日，由宁夏回族自治区联合中科曙光、中国电信宁夏公司、北京国际大数据交易所等打造的国内首个一体化算力交易调度平台——东数西算一体化算力服务平台正式上线[45]。贵州节点发布《关于加快推进"东数西算"工程建设全国一体化算力网络国家（贵州）枢纽节点的实施意见》[47]，实施算力集群攻坚、算力输送通道提速等七大专项行动。甘肃节点印发《关于支持全国一体化算力网络国家枢纽节点（甘肃）建设运营的若干措施》，从人才、资金、监管等方面加快推进节点建设[48]。2024 年 6 月 14 日，"东数西算"芜湖集群创新大会暨华为云华东（芜湖）数据中心全球开服活动在安徽省芜湖市举办，标志着"东数西算"芜湖集群正式上线[49]。2024 年 6 月 26 日，"东数西算"长三角算力调度中心启用暨智算点亮仪式在苏州吴江区举办，在智算产业园举行了算力调度中心启用、智算点亮和智算合作签约[50]。工作机制层面，长三角、贵州、甘肃、宁夏等地领导小组均由省级负责同志牵头挂帅；内蒙古节点建立厅际联席会议制度，从强化媒体宣传、举办高峰论坛、建立产业联盟、强化基础设施建设、推进绿色发展、强化产业集聚等方面重点开展工作。

（2）资源要素保障

节点地区积极谋划"东数西算"项目，从资金、网络、电力等方面加强要素保障，一批重大项目相继开工建设。资金支持方面，国家发展改革委已连续两年开展"东数西算"示范项目补贴申报。网络互联互通方面，长三角节点启动建设长三角生态绿色一体化发展示范区集群到安徽芜湖集群间的电信网络主干光缆；贵州节点启动建设贵阳至广州的光缆传输直连电路项目，贵州广电联合钜成公司建设贵州至全国重点城市的直连网项目；内蒙古节点启动建设集宁集群直通北京的 144 芯点对点专用双回路大容量光缆。电力保障方面，河北张家口集群、甘肃庆阳集群、宁夏中卫集群等地充分依托本地的风、光资源优势，重点推进数据中心源网荷储一体化项目建设；河北怀来县合盈数据产业园 5 吉瓦"源网荷储"一体化一期项目已建成投用，实现园区 100% 绿电供应；甘肃节点依托中国能建在能源领域的龙头企业优势，围绕零碳理念打造"投建运一体化"的数据中心产业园区，由中国能建投资 55 亿元建设源网荷储一体化数据中心，确保园区数据中心绿能供应。

（3）产业生态建设

社会各界关注热度持续不减，自发地涌现出优秀应用实践。浙江移动和中国移动云能力中心联合打造"移动云影视渲染平台",通过自动配置网络带宽和算法模型,远程高效调用西部算力完成视频渲染,极大地缩短渲染周期,降低渲染成本。行业生态逐步建立,行业性研究报告陆续发布,包括《中国综合算力指数(2022 年)》[51]、《中国算力发展指数白皮书(2022 年)》[24]、《中国存力白皮书(2022 年)》[52]、《"东数西算"战略下绿色智算中心产业发展研究报告》[53]等。除数据中心机房建设外,各节点也在着力布局数据中心产业链上下游:长三角节点加快推进嘉善县阿里巴巴数据产业园建设,招引闻泰通讯、立讯智造、日善电脑等"链主型"企业落地;内蒙古节点初步建成以服务器生产、存储、计算为主线的产业链框架,清华同方、百信等公司落地;甘肃节点印发《国家数据中心集群(甘肃·庆阳)"东数西算"产业园区产业规划》,打造"智算""智能""智产"三大重点产业[54]。

1.4.2 "东数西算"工程面临的挑战

(1)在供需方面,"算力–需求"矛盾依然突出

东西部节点间联系薄弱,算力跨域流动的条件尚不成熟。从东西部之间(宏观)来看,东西部高速直连网络尚未搭建,节点之间的网络传输能力差、时延高、带宽小、资费高,难以支撑大量数据的低时延传输需求,从市场成本考虑,企业需求不敢轻易向西迁移。从目前各大算力枢纽节点和未来即将建设的更多算力节点(微观)来看,算力网建设需要更多地区加入。目前的 8 个节点之间缺少过渡性的合作桥梁,无论是基础设施条件,还是数字化素养等方面,都差距过大,短期内难以统一步调。同时,受制于网络传输的物理延迟下限,东部算力需求中只有部分中高时延任务可以转移到西部节点,中低时延任务仍无法外迁。

(2)从能源角度,清洁能源供应难以落地

《贯彻落实碳达峰碳中和目标要求推动数据中心和 5G 等新型基础设施绿色高质量发展实施方案》[55]中指出:到2025 年,数据中心运行电能利用效率和可再生能源利用率明显提升,全国新建大型、超大型数据中心平均电能利用效率降到 1.3 以下,国家枢纽节点进一步降到 1.25 以下。《数据中心绿色低碳发展专项行动计划》[56]中要求:国家枢纽节点新建数

据中心绿电占比超过 80%。

在具体如何应用清洁能源方面，《国家发展改革委等部门关于深入实施"东数西算"工程加快构建全国一体化算力网的实施意见》[23]中指出，建设"源网荷储一体化"供电系统是实现数据中心低碳发展的重要举措。目前已有多地开展相关探索，但在建设过程中受到电网运行机制的限制，源荷难以对接，需要国家、地方政府给予绿电直供、降低综合供电成本等政策支持。而对于接入电网的数据中心来说，既不能选择也无法鉴别电网输送来的电力是煤电还是风电，导致清洁能源使用率难以评估。

（3）在安全领域，若干潜在风险亟须防范

一方面，算力基础设施距全面实现自主可控仍有较大差距。作为数字时代的重要基础设施，数据中心安全关系到国家安全，软硬件和操作系统必须保证对国家安全不产生威胁。尽管我国服务器自主可控已基本实现，但关键的芯片、算法、应用系统等环节对国外产品依赖度较高，需要加大研发力度。另一方面，算力调度是实现"东数西算"工程的关键一环，而目前国内跨域算力调度、异构算力调度、算网联合调度等技术尚不成熟，算力调度应用试验进展缓慢。

（4）在机制层面，相关机制尚未完善

一方面，东部节点缺乏统筹机制。一些选址区域跨省级行政区划的节点内部尚未就"东数西算"工程建立实质性的跨域沟通机制，算力网的建设运营主体不明确；另一方面，东西部之间缺乏利益协调机制。对于西部节点来说，租赁机房的云服务商和需要算力资源的互联网头部企业几乎都注册在东部地区，消耗算力资源产生的利润随之流向东部，西部节点城市只能从数据中心企业的收益中直接或者间接受益。为保障西部节点利益，需要国家在税收共享等方面进行机制创新。

1.5 "东数西算"工程的几个重点问题

（1）数据中心的建设成本来源与收益分配

大数据一体化和算力枢纽节点是数字经济的基石。从国家层面，全国统一的数据中心建设可以为整体资源优势和经济发展寻找到最优化和最高效的区域支撑节点。但在实际的建设中，大数据中心和算力枢纽节点作为数据存储、计算的核心，需要消耗大量的电力、土地、网络等公共配套资源，八大节点建设的地方政府承担了大部分的建设投入，后期也会产生高昂的维护成本，却无法得到相应的就业机会和收益。一方面，节点数据设施属于硬件，其存储的数据和使用的软件调度可以通过网络在远端实现，没有给当地创造大量的就业机会；另一方面，数据中心创造的价值大多由拥有方享有，数据所有权、税收、投入等与当地无关。如何实现投入与收益的合理分配成为巨大的挑战。

（2）网络布局的统筹规划与协调发展

大数据中心节点的建设既能推动数字经济建设，也能促进社会数字化。数据中心的建设需要统筹的不仅是本身的布局规模，还需要高度关注相匹配的传输网络的同步建设。目前国内的网络建设主要是三大电信运营商（移动、联通、电信）和中国广电。一方面，其市场化运营方式与国家大数据中心枢纽节点建设战略存在着滞后性，同时运营商的网络重复建设也会造成网络资源的浪费；另一方面，网络传输按流量计算的收费方式大大增加了东部数据向西部大数据中心转移的成本。

（3）算力枢纽的政府指导和市场运营

"东数西算"各算力枢纽节点建设的主体主要包括三大类企业：三大电信运营商、大型互联网企业、第三方数据综合服务商。当前各个节点的建设都严重依赖于三大运营商和互联网巨头的投资建设，已建成和规划建设的大数据中心存在着高度相似性。由于企业运营的利益驱动及地方政府对数据安全、效益的要求等因素，各地的数据中心使用率差异明显，不同区域的数据中心之间的数据流转速度很慢、协调性很差。

（4）信创产品的独立研发与数据安全

目前，大数据中心建设的服务器设备及管理软件大多数是国外品牌或开源软件的二次开发。八大枢纽节点的建设对服务器的需求是一个巨大的市场。当前，硬件设备的基本元件（如CPU、内存、硬盘等）主要是国外品牌或国内组装生产的，这给数据中心的安全造成严重的隐患。此外，国内现有的数据库管理软件大多是基于开源软件的二次开发产品，底层核心技术非完全自主。

（5）算力调度的体系构建与自主创新

美国建设"信息高速公路"，采取"追求高性能、弱化全局控制能力、外挂式安全"的模式，对于全球技术与生态的顶层掌控者而言，此种模式能够实现利益最大化。而我国作为后发国家，应从自身人口多、能源少的实际出发，增强数字基础设施的安全防护能力，构建数字技术自主可控的算力调度技术体系。通过成立算力网络技术攻关专项，加大科技力量投入，试点建设全国算力网；组织国内超级计算机探索者、先进云服务商、网络服务商、研究机构、国家标准化组织等成立攻关组，研究国家算力网的架构、核心技术和应用场景，并选择代表性节点城市、典型场景（如人工智能领域的"东数西训"）开展试点，从网络传输、能源供给、芯片、服务器、操作系统、中间件、数据库、平台系统等各个环节，探索算力基础设施化的最优路径，形成"东数西算"工程的技术基石和国家算力产业发展的中国道路。

第 2 章

全国算力网络国家枢纽节点的发展研究

为了更好地了解"东数西算"工程的相关情况，本章把对全国一体化大数据中心协同创新体系算力枢纽（八大枢纽）的实地调研情况作为研究重点，从政策解读、枢纽节点的发展研究、枢纽节点发展面临的挑战 3 个角度深入地分析八大枢纽的发展现状。

2.1 全国算力网络枢纽实施方案政策解读

2021 年 5 月，《全国一体化大数据中心协同创新体系算力枢纽实施方案》[36]发布，在京津冀、长三角、粤港澳大湾区、成渝、贵州、内蒙古、甘肃、宁夏 8 个地区布局全国算力网络国家枢纽节点。随后，八大国家枢纽节点的建设方案相继获得批复，"东数西算"工程建设全面启动。复函中强调：①国家算力枢纽应发挥当地优势，建设高质量数据中心集群，实现大规模算力部署与土地、用能、水、电等资源的协调可持续；②确定各集群的具体选址和战略定位；③提出集群的建设要求以及起步区建设目标。2023 年 12 月国家发展改革委等部门《关于深入实施"东数西算"工程加快构建全国一体化算力网的实施意见》[23]发布，从通用算力、智能算力、超级算力的一体化布局，东中西部算力的一体化协同，算力与数据、算法的一体化应用，推动算力与绿色电力的一体化融合，算力发展与安全保障的一体化推进 5 个角度，对加快构建全国一体化算力网络、深入实施"东数西算"工程制定实施意见[57]。意见中强调："充分发挥全国一体化算力网络国家枢纽节点引领带动作用，协同推进'东数西算'工程，形成跨地域、跨部门协同发展合力，统筹通用算力、智能算力、超级算力协同计算，东中西地区及大中小城市协同布局，算力、数据、算法协同应用，算力和绿色电力协同建设，算力发展和安全协同保障，构建联网调度、普惠易用、绿色安全的全国一体化算力网，助力网络强国、数字中国建设，打造中国式现代化的数字基座。"全国算力一体化网络要以"科学布局、有序发展；应用为先、提高效能；东西联动、融合创新；绿色低碳、安全可靠"为基本原则，高质量建设全国一体化算力网。实施意见中提出了算力网络的具体建设目标，要求"到 2025 年底，普惠易用、绿色安全的综合算力基础设施体系初步成型，东西部算力协同调度机制逐步完善，通用算力、智能算力、超级算力等多元算力加速集聚，国家枢纽节点地区各类新增算力占全国新增算力的 60%以上，国家枢纽节点算力资源使用率显著超过全国平均水平。1ms 时延城市算力网、5ms 时延区域算力网、20ms 时延跨国家枢纽节点算力网在示范区域内初步实现。算力电力双向协同机制初步形成，国家枢纽节点新建数据中心绿电占比超过 80%"。不仅如此，该实施意见首次提出"算力电力协同"的概念，算力和电力在发展过程中相互支撑、协同发展。协调好算力与电力的发展（特别是算力与绿色电力的发展），不仅有利于全国一体化算力网络建设，而且对于加快实现"双碳"目标具有重要意义。

自 8 个算力枢纽节点批复以来，各节点地区相继成立建设工作领导小组和专班，制定出台实施方案、专项规划、相关支持政策等。工作机制层面，长三角、贵州、甘肃、宁夏等地领导小组均由省级负责同志牵头挂帅；内蒙古节点建立厅际联席会议制度，从强化媒体宣传、举办高峰论坛、建立产业联盟、强化基础设施建设、推进绿色发展、强化产业集聚等方面重点开展工作。规划和政策方面，成渝节点印发《全国一体化算力网络成渝国家枢纽节点（四川）实施方案》[45]，强化统筹布局和要素保障，加快算力设施建设；宁夏节点印发《全国一体化算力网络国家枢纽节点宁夏枢纽建设方案》[46]，明确 2022 年宁夏枢纽建设 40 项工作要点任务，确保一批"东数西算"典型示范场景和应用加速落地；贵州节点发布《关于加快推进"东数西算"工程建设全国一体化算力网络国家（贵州）枢纽节点的实施意见》[58]，实施算力集群攻坚、算力输送通道提速等七大专项行动；甘肃节点印发《关于支持全国一体化算力网络国家枢纽节点（甘肃）建设运营的若干措施》[59]，从人才、资金、监管等方面加快推进节点建设。2024 年 4 月，为了进一步加快内蒙古、贵州、甘肃、宁夏 4 个西部地区的全国一体化国家枢纽节点的建设，国家发展改革委召开西部算力枢纽协同发展推进工作会[60]，会议围绕"东数西算"工程在算力、绿电、能耗等方面的堵点问题开展交流，研究推动西部算力枢纽节点高质量发展。

2.2 八大算力枢纽节点的发展现状和特点

2.2.1 京津冀枢纽[61]

为了充分利用数字技术推动北京市实体经济转型升级，2021 年北京市开始加快建设全球数字经济标杆城市，致力于形成算力一体化协同发展格局，数字经济核心产业快速发展，对算力的需求日益提升。2022 年，"东数西算"工程正式启动，京津冀成为国家算力枢纽节点之一，这为区域内优化资源配置、实现算力一体化协调发展提供了重要的支撑。

1．京津冀枢纽政策解读

2022 年 2 月 7 日，国家发展改革委、中央网信办等四部委联合印发《国家发展改革委等部门关于同意京津冀地区启动建设全国一体化算力网络国家枢纽节点的复函》[62]，同意京津冀地区启动建设全国一体化算力网络国家枢纽节点（简称京津冀枢纽）。四部委指出以下 5 点。

（1）京津冀枢纽要充分发挥本区域在市场、技术、人才、资金等方面的优势，发展高密度、高能效、低碳数据中心集群，提升数据供给质量，优化东西部间互联网络和枢纽节点间直连网络，通过云网协同、云边协同等优化数据中心供给结构，扩展算力增长空间，实现大规模算力部署与土地、用能、水、电等资源的协调可持续。

（2）京津冀枢纽规划设立张家口数据中心集群。张家口数据中心集群起步区为张家口市怀来县、张北县、宣化区。围绕数据中心集群，抓紧优化算力布局，积极承接北京等地的实时性算力需求，引导温冷业务向西部迁移，构建辐射华北、东北乃至全国的实时性算力中心。

（3）张家口数据中心集群应落实好京津冀协同发展关于生态保护的要求，符合新型数据中心的发展要求，充分发挥可再生能源丰富等优势，尽快启动起步区建设，逐步落地重点建设项目。项目建设主体原则上为数据中心相关行业骨干企业，支持发展大型、超大型数据中心，建设内容涵盖绿色低碳数据中心建设、网络服务质量提高、算力高效调度、安全保障能力提升等，落实项目规划、选址、资金等条件。

（4）张家口数据中心集群应抓紧完成起步区建设目标：数据中心平均上架率不低于65%。数据中心电能利用效率指标控制在 1.25 以内，可再生能源使用率显著提升。网络实现动态监测和数网协同，服务质量明显提升，电力等配套设施建设完善，能高质量满足"东数西算"业务需要。形成一批"东数西算"典型示范场景和应用。安全技术、措施和手段同步规划、同步建设、同步使用。

（5）京津冀枢纽要统筹好区域内在建和拟建数据中心项目，设置合理过渡期，确保平稳有序发展。

同年 12 月 27 日，河北省人民政府办公厅印发《张家口数据中心集群建设方案》（以下简称《建设方案》）[63]。《建设方案》要求以建设张家口数据中心集群为核心，强化资源要素保障，加快优化算力布局，加速培育"东数西算"典型示范场景和应用，着力推进大数据产业链条延伸。《建设方案》明确了张家口数据中心集群的建设目标和主要任务，提出到 2025 年，新增标准机柜 55 万架，总量达到 70 万架，数据中心平均上架率达到 65% 以上，电能利用效率指标控制在 1.25 以内，可再生能源使用率达到 70% 以上；建成服务京津冀的区域算力调度中心，初步实现集群内数据中心的一体化高效调度，可调度算力占总算力的比重超 50%。

作为国内数字经济发展的第一梯队，北京市致力于成为全球数字经济标杆城市，2021年印发《北京市关于加快建设全球数字经济标杆城市的实施方案》（简称《方案》）[64]。《方案》明确了北京市数字经济发展的阶段性目标，到 2025 年，数据驱动的高质量发展模式基本建立，数字经济增加值达到地区生产总值的 50% 左右，北京市进入国际先进数字经济城市行列。

无论是数字产业化，还是产业数字化，都需要算力的支撑，城市公共事业的数字化发展同样需要算力资源进行赋能。2024 年 4 月 24 日，北京市经济和信息化局等部门印发《北京市算力基础设施建设实施方案（2024—2027 年）》（简称《实施方案》）[65]。《实施方案》指出北京将按照全国一体化算力网络国家枢纽节点布局，构建京津冀蒙算力一体化协同发展格局，打造以"内蒙古（和林格尔、乌兰察布）-河北（张家口、廊坊）-北京-天津（武清）"为主轴的京津冀蒙算力供给走廊。到 2025 年，引领京津冀蒙地区建成具有国际影响力的智算产业创新应用高地；到 2027 年，建立布局合理、算网协同、技术领先、绿色集约、产业链完备的京津冀蒙算力一体化协同发展格局。

2．北京市全球数字经济标杆城市建设与算力发展

自"东数西算"工程启动以来，截至 2023 年年底，京津冀枢纽建设已有两年时间，京津冀地区已经形成了以北京为核心、天津为支撑、河北为承接的协同发展功能格局，为三地

数据中心产业集群的发展提供了有力支撑。京津冀算力枢纽高效能算力承载力领先，逐步成长为全国数据流的心脏和大脑，算力供需处于国内第一梯队，其算力市场规模占全国份额的1/3以上[66]。根据通信产业网的统计报告[67]，阶段性结论如下。

（1）截至2023年年底，北京不断加快算力基础设施建设，已形成1.2万P（1P约等于每秒1000万亿次计算速度）的算力供给规模，包括通用算力8672P、智能算力3402P、超算算力340P。

（2）截至2023年年底，天津市各基础电信企业算力规模、存储总量显著提升，数据中心互联低时延达标率、算力灵活调度节点占比均达100%。2024年，天津将启动双万兆宽带项目试点建设，推动曙光超算互联网平台、天津超算中心、基础电信运营商算力设施等广泛应用赋能，扩大智能算力产业规模。

（3）截至2023年年底，张家口数据中心集群取得突破性进展：张家口市投入运营的数据中心有27个、标准机柜33万架、服务器153万台、算力规模达到7600P。

（4）中国运营商算力网络助力京津冀枢纽发展：①中国联通（怀来）大数据创新产业园共规划了8.5万架标准机柜能力，可提供2200P算力服务，目前，项目一期已交付3800架5kW机柜；②中国电信京津冀智能算力中心正全力推进国内首个真"万卡"液冷算力池建设，预计2024年6月底园区具备近5000P智算能力；③中国移动京津冀（天津）西青数据中心承载能力超1.4万架，打造"京津冀核心城区2ms、全市1ms、城区0.5ms"低时延圈。

目前，北京市持续推动"全球数字经济标杆城市"建设，数字经济规模稳步扩大，重点监测领域数字化进程不断推进[68]。

数字经济成为推动北京市经济回升的主要力量。2023年，北京市实现数字经济增加值18766.7亿元，同比增长8.5%，占地区生产总值的42.9%，比上年提高1.3个百分点。其中，数字经济核心产业增加值增长10.8%，占地区生产总值的25.3%，提高1.3个百分点。

数字经济重点领域发展成效显著。交通、医疗等领域数字化进程加快。智慧交通一体化出行服务取得明显进展，推出国内首个绿色出行"一站式"服务（MaaS）平台，实现全市公共交通"一码通乘"，日均刷码近780万人次。从城市端加快推动智能网联汽车行业发展，为高级别自动驾驶规模化、商业化应用按下"加速键"。2023 年，高级别自动驾驶示范区自动驾驶测试里程达到 1182 万千米，同比增长 36.6%。医疗领域信息协同互联，目前全市共有 65 家互联网医院、245 家可提供互联网诊疗服务的医疗机构，互联网医院总诊疗量达 192.06 万人次。270 家医院实现平台挂号，110 家医院实现医保移动支付、检验报告和医疗影像查询。12 家互联网医院通过全市互联网医院服务平台实现线上问诊、快递送药统一入口。

数字基础设施持续建设。2023 年，全市数字经济核心产业固定资产投资额增长 14.4%。截至 11 月末，累计建设 5G 基站 10.6 万个，每万人拥有 5G 基站 48 个，居全国第一。5G 用户数达到 1898.2 万户，占移动电话用户的 47.2%；千兆用户数累计达到 221.7 万户，比上年末增加 87.3 万户。全球通用测速网站 SpeedTest 数据显示，北京在全球 190 个监测城市中移动宽带和固定宽带下载速率分别排第二位和第三位。

3．京津冀国家算力枢纽节点建设与区域算力协同发展

京津冀国家算力枢纽在八大枢纽中具有独特的定位，以张家口怀来县、张北县、宣化区为起步区的张家口数据中心集群，其主要功能定位是积极承接北京市等地的实时性算力需求。京津冀地区是我国 IDC 市场规模最大的区域，占我国 IDC 市场总规模的 1/3 以上。北京市作为京津冀地区的领头羊，数字经济发展最迅速，对算力的需求快速攀升，但受限于土地、电力资源紧缺，以及能耗限额的严格要求，北京市的数据中心建设仅靠技术改造和绿色升级已经无法满足快速增长的算力需求，必须依靠环京地区进行承接。

张家口自然条件优越，风电、光伏等绿色能源禀赋丰富，在电价上也有较多的优惠。截至 2023 年年底，张家口数据中心集群取得突破性进展[67]：张家口市投入运营的数据中心有 27 个、标准机柜 33 万架、服务器 153 万台，算力规模达到 7600P。目前，已有腾讯、阿里巴巴、联通、百度、秦淮数据、合盈数据等企业将数据中心落户张家口集群。2024 年，河北省推进数字产业化，加快云计算、人工智能等产业发展，抓好张家口数据中心集群、雄安数字经济创新发展试验区建设，打造全国一体化算力网络京津冀枢纽节点。到 2025 年，张家口算力规模将达到 15EFLOPS（1EFLOPS 约等于每秒一百京（10^{18}）次的浮点运算），

并将与北京市、天津市滨海新区、雄安新区建成直连网络，网络时延标准达到每百千米单向时延 1ms。同时，张家口数据中心集群将继续保持绿色集约的建设原则，预计到 2025 年，PUE 将控制在 1.25 以内，可再生能源使用率达到 70% 以上。

京津冀国家算力枢纽的算力发展对于北京市全球数字经济标杆城市建设具有重要意义。

2.2.2　长三角枢纽[69]

长三角地区是我国先进制造业发展高地。凭借其自身的区位优势、丰富的科教科创资源，以及良好扎实的工业基础，长三角地区近年来一直加快产业数字化来赋能制造业，三省一市先后出台了相关政策文件，积极推动制造业转型升级。这些举措极大地促进了长三角地区先进制造业集群的快速发展，孵化和培育了众多新兴产业，使其成为国家先进制造业集聚发展的中心区域。工信部公布的国家先进制造业集群名单显示，2021 年长三角地区先进制造业集群上榜数量占全国总数的 40%。长三角地区作为全国工业经济发展发达地区之一，其制造业今后进行数字化转型、智能化升级的趋势不会减弱，对新一代信息技术、工业互联网等数字化转型应用的需求也不会降低。长三角枢纽作为国家"东数西算"工程中提供超级算力的关键信息基础设施，将促进一体化制造业、算力算法、科技创新相融合，不断打造先进制造业中心。而长三角地区的制造业企业势必也可以从这一发展进程中直接获益，从而加快长三角地区制造业转型升级。

1．长三角枢纽政策解读

2022 年 2 月 7 日，国家发展改革委、中央网信办等四部委联合印发《国家发展改革委等部门关于同意长三角地区启动建设全国一体化算力网络国家枢纽节点的复函》[70]，同意在长三角地区启动建设全国一体化算力网络国家枢纽节点（简称长三角枢纽）。四部委指出以下 5 点。

（1）长三角枢纽要充分发挥本区域在市场、技术、人才、资金等方面的优势，发展高密度、高能效、低碳数据中心集群，提升数据供给质量，优化东西部间互联网络和枢纽节点间直连网络，通过云网协同、云边协同等优化数据中心供给结构，扩展算力增长空间，实现大规模算力部署与土地、用能、水、电等资源的协调可持续。

（2）长三角枢纽规划设立长三角生态绿色一体化发展示范区数据中心集群和芜湖数据中心集群。其中，长三角生态绿色一体化发展示范区数据中心集群起步区为上海市青浦区、江苏省苏州市吴江区、浙江省嘉兴市嘉善县。芜湖数据中心集群起步区为芜湖市鸠江区、弋江区、无为市。围绕两个数据中心集群，抓紧优化算力布局，积极承接长三角中心城市实时性算力需求，引导温冷业务向西部迁移，构建长三角地区算力资源"一体协同、辐射全域"的发展格局。

（3）长三角生态绿色一体化发展示范区数据中心集群、芜湖数据中心集群应符合新型数据中心的发展要求，尽快启动起步区建设，逐步落地重点建设项目。项目建设主体原则上是数据中心相关行业骨干企业，支持发展大型、超大型数据中心，建设内容涵盖绿色低碳数据中心建设、网络服务质量提高、算力高效调度、安全保障能力提升等，落实项目规划、选址、资金等条件。

（4）长三角生态绿色一体化发展示范区数据中心集群、芜湖数据中心集群应抓紧完成起步区建设目标：数据中心平均上架率不低于 65%。数据中心电能利用效率指标控制在1.25 以内，可再生能源使用率显著提升。网络实现动态监测和数网协同，服务质量明显提升，电力等配套设施建设完善，能高质量满足"东数西算"工程业务需求。形成一批"东数西算"工程典型示范场景和应用。安全技术、措施和手段同步规划、同步建设、同步使用。

（5）长三角枢纽要统筹好区域内在建和拟建数据中心项目，设置合理过渡期，确保平稳有序发展。

长三角枢纽围绕两个数据中心集群优化算力布局，积极承接长三角中心城市实时性算力需求，构建长三角地区算力资源"一体协同、辐射全域"的发展格局。此外，根据 2022 年3 月上海市人民政府合作交流办公室发布的消息，长三角枢纽今后将被打造为面向长三角、辐射全国的信息港[71]。因此从地区角度来看，长三角枢纽需要满足区域内对海量规模数据的集中处理需求，以支撑工业互联网、远程医疗、金融证券、人工智能等高频实时交互型的业务。从全国角度来看，长三角枢纽围绕数据中心的集群化进行建设，可以推进东西部国家算力枢纽节点间、城市内部与周边区域间的数据中心协调发展，为参与构建高效、平衡、绿色的国家算力网络体系发挥示范和带动作用。

除了作为国家算力枢纽节点，长三角地区也是我国先进制造业发展高地。凭借其自身的区位优势、丰富的科教科创资源，以及良好扎实的工业基础，长三角地区近年来一直加快产业数字化来赋能制造业，三省一市先后出台了相关政策文件，积极推动制造业转型升级。例如上海市发布了《上海市先进制造业发展"十四五"规划》，浙江省发布了《浙江省全球先进制造业基地建设"十四五"规划》，江苏省发布了《江苏省"十四五"制造业高质量发展规划》，安徽省印发了《安徽省"十四五"制造业高质量发展（制造强省建设）规划》。这些举措极大地促进了长三角地区先进制造业集群的快速发展，孵化和培育了众多新兴产业，使其成为国家先进制造业集聚发展的中心区域。

2. 节点赋能制造业数字化转型的机理

截至 2022 年，我国规模以上工业企业关键工序数控化率达到 55.3%，数字化研发工具的普及率达到 74.7%，开展网络化协同的企业比例达到 38.8%。当前，我国制造业的数字化和网络化水平正在不断提升，制造业数字化转型呈现出良好的发展态势。在"东数西算"工程全面实施的大背景下，长三角地区应充分利用地区枢纽节点优势，赋能制造业数字化转型，继续领跑我国制造业高质量发展。具体来看，长三角算力枢纽节点将从完备制造业数字化转型的基础条件和加速助推制造业数字化转型进程这两个方面发挥赋能效应。

（1）算力枢纽节点完备制造业数字化转型的基础条件

① 算力网络对接制造业算力规模需求

随着制造业各领域中技术应用的加速落地，万企千园的智能制造设备产生的数据将呈现爆发式增长的态势，那么相应地数据资源在存储、传输、计算、处理等方面的需求也将迅猛增长。在实施数字化转型的过程中，不论是量大面广的中小微企业，还是大型企业，都面临缺数据的问题，而数字化转型的核心是建立企业的数据能力，主要体现在数据资产、数据员工、数据运用等方面。推进公共算力基础设施的建设，可以实现计算能力和计算效率的提升，有利于实现智能工厂和数字化车间的建设，促进制造业数字化转型。因此，对制造业数字化转型赋能的过程离不开规模化、普惠型的公共算力基础设施的支持。

统筹布局建设全国一体化算力网络国家枢纽节点，打通国家枢纽节点之间的网络传输通道，实现跨区域算力调度，能够充分扩展和释放算力网络在算力服务、数据流通、数据应用等方面的增长空间和潜力，从而有效降低东部地区包括长三角地区各行各业在内的算力需求压力。算力网络以算力为中心连接用户和数据，通过输出算力供需匹配服务，为制造业各领域提供高质量、低时延、低成本的算力。

具体来说，算力网络区别于传统零散单个数据中心提供算力的服务形式，以数据中心集群和云计算平台为基础，推动多云之间、云和数据中心之间、云和网络之间进行资源联动，打造云网边高速互联的智能网络，实现异地算力与网络的协同工作。类比于工业经济时代的电力基础设施化，算力也要像电力网一样实现基础设施化，才能真正促进数据高效流动和价值创造，才能真正实现数字经济与实体经济的融合发展。对于长三角枢纽节点而言，算力网络不仅要实现各个国家枢纽节点之间、节点地区内数据中心集群和主要城市之间数据中心直连网络的定向高速互联，还要实现对同一枢纽节点内多个数据中心集群间的网络组织进行优化升级，从而保障数据的高效流通和算力的统筹利用，满足制造业各领域终端场景的算力需求。

② 新型数据中心夯实制造业数字底座

目前长三角地区在国家枢纽节点数据中心集群布局范围的基础上，建设了上海超级计算中心、国家超级计算无锡中心、国家超级计算昆山中心、合肥先进计算中心等一批大型数据中心，同时加快对老旧小散数据中心的改造升级和迁移整合，以更好地配合长三角枢纽节点建设，通过推进数字基础设施体系建设并部署具体应用场景，可以为制造业数字化转型奠定坚实的基础。

2021 年 7 月 4 日，由工信部印发的《新型数据中心发展三年行动计划（2021—2023 年）》[72]明确了新型数据中心的概念定义及其建设任务。其中提及的云边协同工程和数云协同工程，强调了在国家枢纽节点、省内数据中心、边缘数据中心的新型数据中心梯次布局下，支持开展基于工业互联网等重点应用场景的边缘数据中心应用。同时，文件还指出要鼓励相关企业加快建设数字化云平台，推动企业深度上云、用云，支撑工业等重点领域加速数字化转型。依托基础电信企业、交换中心网络节点，推动边缘数据中心间、边缘数据中心与新型数据中心间的网络互联交换，在提升云计算与边缘计算协同水平的同时，提升算力赋能应用水平。

事实上，将产业核心业务云化以及对多个新型数据中心进行整合，不仅可以实现服务集成和数据集成，提升应用敏捷和业务智能的体验，还能促进算力资源的高效利用。一方面，新型数据中心作为数字经济时代新基建的基石，能够满足5G、云计算、边缘计算、大数据、人工智能、区块链等技术和应用的发展需求；另一方面，云让计算无处不在，云计算与数据中心在计算基础设施化的发展上相辅相成，云原生让业务生于云、长于云，而上云也是数字化转型的重要标志。因此，加快推动长三角国家枢纽节点各数据中心、云之间的协同，强化新型数据中心、云平台、数据之间的一体化关系，构建支撑数字化转型的产业数字底座，可以更好地服务于各行各业的数字化场景应用需求。

对于制造业而言，行业上云可以利用云平台弹性扩/缩容的特点来获取计算资源，同时还可以进行数据汇聚，通过对智能制造、集成开发、数字内容生产等技术进行整合，构建数字底座、云底座以提高计算效率。具体来说，围绕人工智能、区块链、元宇宙等新一代信息技术应用，推动智能计算中心、边缘计算中心与云计算服务的边云协同发展，打破跨地域、跨领域不同数据源间的"数据孤岛"，构筑互联互通的数据要素流通生态，有利于建设融合行业知识的赋能应用平台、专用行业云等数字化转型基础设施。

（2）算力枢纽节点助力制造业数字化转型进程加速

① 先进数字技术与制造业深度融合

由于数字技术本身具有连接性和融合性，对知识的获取、转化和利用可以构建形成数字化知识网络。当产业主体本身的数字化能力不足时，对数字技术的推广应用可以为汇聚的共享数据和共用资源提供技术支持。因此，数字技术是赋能制造业数字化转型过程的重要环节，可以指导制造业在不同领域、不同区域的数字化应用。

长三角地区不仅是我国制造业高水平的代表性区域，还拥有隶属于3个综合类国家技术创新中心之一的长三角国家技术创新中心。其立足于长三角一体化发展，基于共建的长三角产业链区域联动机制，聚焦关键核心技术问题，开展联合技术攻关与成果转化共享。

国家统计局全国科技经费投入统计公报显示，2022 年长三角地区研发投入总额达到 9386.3 亿元，约占全国总额的 30.5%。因此，借助长三角科创领域多中心的产业基础，通过推动 5G、人工智能、云计算、物联网、AR/VR、区块链、量子计算等先进数字技术与制造业的融合应用，实现制造业向更高程度的数字化管理能力和数字化生产水平进行升级转型。

首先，先进数字技术与产业的融合将链接到更多来自不同地区、不同领域的企业，需要匹配的计算能力也更加庞大，而长三角算力枢纽能够承接庞大的业务算力需求。

其次，技术与场景的融合将激活更多新兴的智能业务需求，带来更多新兴的智能应用场景，那么就需要提出相应的端到端的场景化解决方案，从而实现对产业数字化转型的深度赋能。以 5G 技术为例，在对产业数字化转型进行赋能时，可以通过"5G+工业互联网""5G+人工智能""5G+边缘云"等融合方式，对多个工业应用场景进行覆盖，然后借助算力枢纽为行业内企业提供算力下沉、算力应用、算力连接等服务。

最后，数字化基础设施可以为技术与产业领域的融合提供重要支撑，从而加速其对制造业数字化转型的渗透。2021 年 12 月江苏省发布的《江苏省新型数据中心统筹发展实施意见》[73]提到，通过积极招引大数据、云计算、区块链、人工智能等企业以及数据中心产业链上下游企业入驻，打造新型工业化产业数据中心，加快数据要素流通共享，促进先进技术聚集，实现产业协同发展，强化算力赋能产业转型。

因此，长三角算力枢纽节点在以数据中心为核心基础设施的支持下，实现网络与计算的一体融合，并不断提升算力服务水平，通过与不同领域进行协同联动，推动先进数字技术与产业的深度融合应用，从而进一步加快制造业数字化转型。

② 工业互联网建设与制造业协同发展

在推进新型工业化的进程中，工业互联网发挥了基础支撑、创新驱动、融合引领三方面重要作用。工业互联网实现了工业数据更大范围、更高效率、更加精准的优化和配置，将数字技术与各行业特有的知识、经验、工艺相结合，推动生产方式与企业形态变革。

工信部的数据显示，我国 5G 行业应用已融入国民经济，2023 年全国"5G+工业互联网"项目超过 8000 个。5G 已经由生产现场监测、厂区智能物流等辅助环节，深入远程设备操控、设备协同作业等核心控制环节。此外，工信部发布的《2023 年 5G 工厂名录》[74]遴选了 300 个已建成的 5G 工厂，覆盖 24 个国民经济大类，建设投资总额达 97.3 亿元，能够有效促进企业数字化转型，有力推动数字经济与实体经济深度融合。作为制造业企业数字化、网络化、智能化转型的重要抓手，工业互联网平台能够有效集成海量工业设备与系统的数据。工业互联网及其平台汇聚产业各领域主体产生的相关数据，对数据资源的标识使用、开放共享等过程进行管理。

随着工业互联网及其平台设施建设的规模不断扩大，长三角工业互联网平台体系也不断完善，并在智能制造领域取得成效。截止到 2022 年，长三角三省一市共计新培育 177 个省（市）级工业互联网重点平台、工信部新一代信息技术与制造业融合发展示范项目 51 个，占全国的 26.3%；工业互联网平台创新领航应用案例 49 个，占全国的 35%。

因此，为了更好地发挥长三角地区在制造业协同发展、资源整合、集群培育等方面的引领作用和区域优势，长三角算力枢纽节点通过构建数据中心集群，实现对大规模数据的云端分析处理，在满足工业互联网业务需求的同时，推动制造业协同发展。

首先，长三角算力枢纽节点依托新型数据中心集群聚集发展，通过推进网络一体化建设，打通节点间网络传输通道，打造数据可信流通环境，促进工业互联网平台实现对数据资源的高效流通及价值释放。

其次，基于算力基础设施，长三角算力枢纽节点不仅可以为工业互联网平台提供算力服务，提升平台对云端开发、部署、运维等全生命周期的管理能力，还能为工业互联网大数据中心建设提供计算技术支持，通过强化云计算、信息通信、智能制造等技术间的融合与集成，推动设备网络化、监管可视化、质量透明化等应用模式向制造业流程的延伸和覆盖，从而提升工业互联网平台的服务输出能力。

最后，面向不同的产业优势及发展需求，在保证算力部署的前提下，通过结合算力调度方法并以算力按需供给为原则，搭建跨行业跨领域的综合型平台、面向重点行业和区域的特色型平台，以及面向特定技术领域的专业型平台，打造垂直行业的工业互联网应用平台体系，从而有效地整合产业资源和制造能力，优化行业内跨区域跨领域间信息交互的渠道，拓宽工业互联网平台的服务能力。

3. 节点赋能制造业数字化转型的实现路径

长三角国家算力枢纽节点担负着承接本地区中低时延业务的算力需求和引导本地区中高时延业务迁移到西部的任务。而不同时延要求的业务既对应着不同性能的算力满足，也对应着制造业企业在各自数字化转型中不一致的算力需求。因此，长三角枢纽节点将结合算力和业务需求，针对不同场景的数据中心组合方案，通过构建算力交易机制，发挥全国算网一体化基建作用的方式赋能制造业数字化转型。

（1）结合业务与算力需求，打造数字化转型解决方案

对应超级计算、智能计算和大数据处理系统这 3 种计算模式，算力可分为超算算力、智能算力和基础算力 3 种类型。中国信息通信研究院测算，2022 年我国计算设备算力总规模达到 302.4EFLOPS，全球占比约为 33%，连续两年增速超过 50%，高于全球增速。基础算力规模为 120EFLOPS，增速为 26%，在我国算力结构中的占比达到40%左右。智能算力规模达到 178.5EFLOPS，增速为 72%，在我国算力结构中的占比达到 59%，成为算力快速增长的驱动力。根据预测，到 2026 年智能算力规模将进入 ZFLOPS（每秒十万亿亿次浮点计算）级别。超算算力规模为 3.9EFLOPS，连续两年增速超过 30%。智能算力作为目前算力体系的主要构成部分，其增长态势反映了时下对智能计算和智能化应用任务需求的增加。因此，长三角算力枢纽节点的建设也应该侧重于面向应用智能计算的终端场景。

根据业务对网络时延的要求，可将业务分成热业务、温业务、温冷业务和冷业务。从数据应用需求的角度来看，5%～10%的应用为 10ms 以内的低时延热业务，可在本地部署；65%～70%的应用为 10～30ms 时延需求的温业务，可部署在区域或城市及其周边位置；20%～30%的应用是业务时延需求超过 30ms 的、对时延不敏感的温冷业务和冷业务，可在西部数据中心部署。因此，热业务支持偏向实时落地的业务场景，温业务支持算力需求偏高且服务复杂的大规模业务场景，温冷业务和冷业务则更多支持后台加工、离线分析、存储备份、开发测试等非实时算力需求的业务场景。

长三角枢纽节点既要承接其地区中心城市上海及其周边都市带/圈的算力需求，也要充分发挥龙头城市对产业环境发展的带动作用，利用长三角枢纽节点集群的产业基础优势，设计打造围绕产业领域需求导向的转型方案，对生产线和车间进行数字化、智能化改造，加快

建设智能制造示范工厂。具体来说,一是打造高性能计算网络平台解决方案,通过加快超级算力、智能算力的部署,提升基于 CPU、GPU 等的异构算力,支持对时延不敏感的温冷业务和冷业务的需求,为制造业中仿真、渲染、建模等数据密集型计算任务提供"大模型+大数据+大算力"的服务;二是打造智能计算网络平台解决方案,通过推进云计算中心、边缘计算中心的建设,支持温业务和热业务的应用需求,为制造业中工业互联网、AR/VR、远程控制等低时延需求计算任务提供实时算力服务。

(2)针对制造业不同场景,匹配多元合理算力供应

长三角算力枢纽节点围绕数据中心进行算力组网,通过推动云网、算网间的协同融合,统筹算力资源和网络资源,搭建服务平台化的算网调度框架,满足制造业各类不同场景的数字化转型需求。因此,以上海、南京、杭州、合肥等城市为核心,依靠沪苏浙皖各自在航空航天、新能源汽车、电子信息、生物医药、互联网、有色金属、建材化工等领域的突出实力,结合三省一市国家智能制造优秀场景典型案例,探索算力与智能制造的融合应用场景,加强培育具有先发优势和区域特色的产业转型示范地。

具体来说,对于支撑模型训练、数据存储备份、数据离线分析、数据标注清洗加工等实时性要求较低的业务,所匹配的算力供应应满足统一运维、安全和云网协同等要求,并注重提供非实时性算力保障服务,如部署在西部地区的数据中心集群。对于支撑即时通信、物联网、智能制造等实时性要求较高的业务,所匹配的算力供应应满足多云化、多地多中心、高可用、高并发等要求,如部署在东部地区的数据中心集群。对于支撑服务本地、规模适度、具有地方特色等超低时延要求的业务,所匹配的算力供应应满足小规模基础设施建设、多样化资源并高效利用、一站式运维等要求,如在省内部署的数据中心或者部署在热点城市周边区域的数据中心。

当聚焦于数字化研发、数字化生产、数字化营销、数字化运营等制造业场景时,首先应该结合产业链上下游来分析在制造业数字化转型全场景上包括的关键环节,并梳理其涉及的核心业务;其次,根据不同应用场景和需求方向,分区域分领域构建业务对象信息网络,实现业务基础信息从研发到运营的纵向集成贯通;最后,围绕长三角一体化算力网络的供需分配和智能调度方法,推动数字化业务与算力之间的适配,从而制定满足个性化场景应用需

求的算力布局方案。

（3）依托算力交易平台，构建算力交易机制以服务制造业转型

算力资源是将来自不同算力基础设施的算力进行整合后得到的，包括计算、存储和网络三大部分。算力资源具有多维异构、来源复杂、动态变化的特点，这使得对算力的度量难以进行，从而影响算力资源参与交易和调度的过程。因此，需要事先明确衡量算力资源的价值标准。具体来说，首先，对各类算力资源在产生阶段、流通阶段、调度阶段的权利让渡关系进行分析，通过构建算力资源标识解析体系，设计算力资源确权标识方案，制定算力资源权利认证标准规范，实现对算力资源的权属确认。其次，从算力资源本身的特征出发，分析影响其价值的因素，建立算力资源价值评估体系，选择成本法、收益法等方法进行算力资源价值评估。最后，根据实际交易场景的价格结构和市场发展阶段，构建算力资源的定价模型，以数据验证的方式对模型进行优化调整，并结合算力资源和算力交易市场生命周期中不同的阶段组合，最终给出相应的定价策略。

接着，依托算力交易平台，在数据流通、供需匹配、安全可信、信息共享、计费机制完善的算力交易市场基础上，构建算力交易机制，赋能制造业数字化转型。首先，明确算力资源的确权属性、算力价值、定价要求，通过协同算网供需双方及生态伙伴，制定算力资源交易标准规范。其次，以区块链技术为核心支撑，制定算力交易合约签订、执行、验证的流程机制，以保障交易的安全性和交易流程的可溯性。最后，基于异构算力适配技术、异构算力网络调度技术，实现整体算力资源的最优化配比，利用一体化算力网络搜寻最优算力，在超算互联网上完成算力服务的交易与交付。

（4）深化东西部协作联动，发挥算网一体化赋能作用

在算力基础设施赋能数字化转型的过程中，数据驱动是引领，平台体系是关键，算力网络是核心。反映在制造业领域中，与工业互联网平台体系直接面向数字化转型不同，算力网络通过"东数西算"工程设立的八大枢纽节点和十大数据中心集群，逐步实现算力与网络的协同和融合，进而为平台体系今后的创新发展提供基础条件。

首先，除了建立长三角集群及其城区周边两级算力布局下云边端协同的泛在算力网络，还要按照全国一体化大数据中心体系协同布局的要求，选择以贵州、内蒙古、甘肃、宁夏、

成渝节点为代表的西部，与以京津冀、长三角、粤港澳大湾区节点为代表的东部，建设快速传输、安全可靠的数据中心直连网，实现各枢纽节点和集群间的互联互通。同时，设计建立基于数据中心直连网的云网协同运营机制，保障节点间传输费用的合理性和访问质量的稳定性。

其次，统筹开放各个国家枢纽节点的网络资源和算力资源，将以5G为代表的通信设施和以云计算为代表的信息设施的融合发展作为基础，构建基于云网融合的算力大脑架构，设计建立算力一体化联通机制，实现对算力的全域感知、高效调度、组合编排、统一管控。

最后，建立基于算网融合的算力服务平台，利用通信网络对算力的资源需求感知，在云网边端间实现传输、存储、计算资源的精确供给，为用户提供算力类型匹配、算力规模合适和算力性价比最优的应用服务，从而满足不同行业、不同数字化转型场景的算力需求。

对于制造业企业而言，经过对工业设备的联网控制、生产制造过程的动态感知以及数字化车间的建设后，此时无须再自建大规模的算力基础设施，可以考虑根据当前的算力业务需求，购买相应种类的算力服务套餐，借助算力服务平台的方式接入算力网络，通过获取模型、算法、数据的最终计算结果，并根据产品反馈实施智能化决策管理，从而实现数据驱动的智能化生产制造。

2.2.3　粤港澳枢纽[75]

作为我国改革开放的前沿阵地和生产总值最高的省份，广东省在数字中国建设布局中扮演着举足轻重的角色。其与港澳协同合作，是致力共同探索数字化发展的最前沿。数字经济在"十四五"时期甚至更远的未来仍将成为该区域经济社会发展的重点。作为改革开放的前沿阵地，粤港澳大湾区的产业形态和经济发展水平都处于国内的领先地位，在深度推进数字产业化和产业数字化方面，具有显著的优势。

韶关数据中心集群的建设稳步推进将为其提供有力支持。广东省印发的《2022年广东省数字经济工作要点》[76]提出了加快700MHz 5G基站规划建设、布局建设韶关数据中心集群，以及支持广州人工智能公共算力中心、深圳鹏城云脑、横琴人工智能超算中心等算力基础设施建设的具体措施。这些部署将加快算力基础设施建设，促进将算力作为数字经济时代的核心生产力进一步发展。同时，韶关数据中心集群的建设可以加快推进区域协调发展，特别是促进北部生态发展区与粤港澳大湾区的联动。

1．粤港澳枢纽政策解读

2022 年 2 月 7 日，国家发展改革委、中央网信办等四部委联合印发《国家发展改革委等部门关于同意粤港澳大湾区启动建设全国一体化算力网络国家枢纽节点的复函》[77]，同意在粤港澳大湾区启动建设全国一体化算力网络国家枢纽节点（简称粤港澳大湾区枢纽）。四部委指出以下 5 点。

（1）粤港澳大湾区枢纽要充分发挥本区域在市场、技术、人才、资金等方面的优势，发展高密度、高能效、低碳数据中心集群，提升数据供给质量，优化东西部间互联网络和枢纽节点间直连网络，通过云网协同、云边协同等优化数据中心供给结构，扩展算力增长空间，实现大规模算力部署与土地、用能、水、电等资源的协调可持续发展。

（2）粤港澳大湾区枢纽规划设立韶关数据中心集群，起步区边界为韶关高新区。围绕韶关数据中心集群，抓紧优化算力布局，积极承接广州、深圳等地实时性算力需求，引导温冷业务向西部迁移，构建辐射华南乃至全国的实时性算力中心。

（3）韶关数据中心集群应符合新型数据中心的发展要求，尽快启动起步区建设，逐步落地重点建设项目。项目建设主体原则上为数据中心相关行业骨干企业，支持发展大型、超大型数据中心，建设内容涵盖绿色低碳数据中心建设、网络服务质量提高、算力高效调度、安全保障能力提升等，落实项目规划、选址、资金等条件。

（4）韶关数据中心集群应抓紧完成起步区建设目标：数据中心平均上架率不低于 65%。数据中心电能利用效率指标控制在 1.25 以内，可再生能源使用率显著提升。网络实现动态监测和数网协同，服务质量明显提升，电力等配套设施建设完善，能高质量满足"东数西算"工程业务需要。形成一批"东数西算"工程典型示范场景和应用。安全技术、措施和手段同步规划、同步建设、同步使用。

（5）粤港澳大湾区枢纽要统筹好区域内在建和拟建数据中心项目，设置合理过渡期，确保平稳有序发展。

2023 年 11 月 7 日，广东省人民政府办公厅发布的《"数字湾区"建设三年行动方案》[78] 提出，粤港澳大湾区的发展重点在于深化数字化规则衔接与机制对接，推动高效联通的数字化新型基础设施网络建设。广东省全力打造辐射华南乃至全国的实时性算力中心，作为国家"东数西算"工程的重要组成部分，这一战略定位凸显了粤港澳大湾区在国家算力网络中的重要地位。

2024 年 3 月 7 日，广东省通信管理局等九部门联合发布《广东省算力基础设施高质量发展行动暨"粤算"行动计划（2024—2025 年）》[79]，提出到 2025 年，算力规模达到 38EFLOPS，智能算力占比达到 50%。建成智能计算中心 10 个，基本形成算力规模体量与数字化发展需求相适应、算力供给结构与业务需求相匹配的发展格局。"粤算"行动计划进一步提出，力争到 2025 年年底，新增国产化算力占比达到 70%，基本形成与广东经济社会数字化发展需要相适应的算力、运力、存力资源体系和供给体系，建成国内领先、国际一流且具有全球影响力的区域级核心算力枢纽。

2024 年 2 月，韶关市出台了《韶关市加快智能计算产业发展若干措施》[80]，为智能算力建设发展给予实质补贴和政策支持。预计 2025 年，韶关数据中心集群综合承载能力将达到 50 万标准机架规模，服务器规模达到 500 万台，PUE 达到 1.25，上架率力争达到 80%。

2. 粤港澳大湾区的经济特点

（1）经济状况[81]

2023 年 4 月，习近平总书记视察广东时强调，要"使粤港澳大湾区成为新发展格局的战略支点、高质量发展的示范地、中国式现代化的引领地"。粤港澳大湾区是我国经济增长的重要引擎，总量规模优势突出。2023 年粤港澳大湾区经济规模创新高，"9+2"城市生产总值合计突破 14 万亿元，占全国比重约 11.1%。其中，内地九市（即珠三角城市）是过去 10 年粤港澳大湾区经济增长的主动力，生产总值占比约八成，2023 年生产总值规模约为 11.0 万亿元。近年来，虽然香港、澳门经济增长波动明显，但珠三角地区整体保持向好发展态势。从各省横向对比来看，广东省已经连续 35 年经济规模全国第一。

在全国各大重点区域中，粤港澳大湾区虽然在经济总量上不及长三角，但是在发展密度上表现突出。粤港澳大湾区城市群土地面积为 5.6 万平方千米，在各大重点区域中面积最小，但是地均经济产出、人口密度均名列前茅。2023 年粤港澳大湾区 "9+2" 城的地均生产总值（2.51 亿元/平方千米）、人口密度（2068 万人/平方千米）分别是长三角的 2.9 倍、3.1 倍。从城市层面来看，粤港澳大湾区的高密度发展特征更加显著，在 2022 年生产总值前 30 强城市（不含港澳）中，地均生产总值前 5 名的城市有 4 个在大湾区。

粤港澳大湾区是我国对外开放的前沿阵地，外向型经济特点显著。粤港澳大湾区内地九市 2023 年进出口总值达 7.95 万亿元，占全国总量的 19%，贡献了广东全省外贸总量的 95% 以上。其中，深莞广佛合计占珠三角的比重超过八成。2023 年粤港澳大湾区内地九市外贸依存度约为 75%，远高于全国平均水平（34.9%），在重大战略板块中居首位，超出长三角约 20 个百分点。从省域数据来看，广东省 2023 年进出口总值为 8.3 万亿元，连续 37 年居全国首位，其中，出口增速（2.5%）在外贸前十省市中仅次于安徽和浙江，外贸 "压舱石" 作用突出。

粤港澳大湾区是我国主要的制造业基地之一，工业实力雄厚。2022 年，广东省工业增加值达到 4.8 万亿元，居全国第二，过去 10 年全国占比保持在 12% 左右。电子信息、电气机械、汽车等行业全国领先。此外，区域产业互补优势突出，形成了 "珠三角制造业强、港澳服务业优" 的产业格局。从产业结构来看，港澳地区第三产业占比高、服务业发达，珠三角第二产业占比高、制造业基础雄厚，具备协同互补优势。目前，粤港澳大湾区在电子信息、家电、新材料、生物医药、高端装备等重点领域形成了 7 个国家级先进制造业产业集群。与此同时，粤港澳大湾区市场主体丰富，企业活力较强，产业生态完善。2022 年，广东省 8 家制造业企业进入世界 500 强榜单，累计培育国家级制造业单项冠军企业 132 家、国家级专精特新 "小巨人" 企业 867 家。

作为制造业基地，广东省数字经济发展领先全国。数据显示，2021 年广东省数字经济增加值达 5.9 万亿元，连续 5 年居全国首位，数字经济占生产总值的比重达到 47.50%。数字经济作为驱动高质量发展的引擎，是未来发展的新方向，逐渐成为华南地区的重要生产力。

自 2017 年以来，广东省积极贯彻实施重大国家战略，抓住机遇，推动 "双区" 和横琴、前海、南沙三大平台建设，彰显出改革开放的强劲活力。《粤港澳大湾区发展规划纲要》顺利实施，标志性工程（如港珠澳大桥、广深港高铁等）建成通车，"湾区通"工程全面推进，国际科技创新中心建设加快推进，国际一流湾区和世界级城市群展现出蓬勃活力。深圳先行示范区充分展现出示范引领作用，首批 40 项授权事项全部落地，18 条试点经验在全国推广。横琴粤澳深度合作区和前海深港现代服务业合作区建设稳健起步，南沙粤港澳全面合作实现良好的开局。广东省在营商环境、数字政府、要素市场化、国资国企等改革方面走在全国前列，广东省自由贸易试验区的 41 项改革创新经验在全国得到复制推广。5 年间，广东省吸引外资超过 8000 亿元，吸引了埃克森美孚、巴斯夫等百亿美元级项目，充分展示了广东省作为"两个重要窗口"的作用。

（2）广东省的数字经济规划

自 2017 年开始，广东省致力于推进数字经济发展，特别注重建设算力基础设施。近年来，广东省持续加快算力建设，电信运营商已完成粤港澳大湾区超高速 400G 全光运力网络建设，韶关到广州、深圳单向时延分别达到 2ms、3ms 以内。韶关数据中心集群建设取得显著进展，已批准机架超 40 万个，逼近 2025 年 50 万标准机架的目标。广东省的战略目标是打造辐射全国的实时性算力中心，成为粤港澳大湾区国家枢纽节点。为实现这一目标，广东省将重点推进"数网""数纽""数链""数脑"和"数盾"五大关键子体系建设，并计划到"十四五"期末，建成绿色节约、统筹调度、数据融通、创新应用、安全可靠的粤港澳大湾区国家枢纽总体格局。

为打造世界一流的算力设施集群，广东省将聚焦六大建设任务，包括推动数据中心集群建设、城市数据中心建设、网络互联互通建设、提升算力服务水平、增强网络数据安全能力以及促进数据流通和深化数据应用建设。其中，建设韶关数据中心集群被确定为首要任务。预计到 2025 年，韶关数据中心集群将达到 50 万个标准机架、500 万台服务器规模，并力争上架率达到 80%。韶关数据中心集群将被提升为国家级骨干网络枢纽节点，吸引全省大型和超大型数据中心集聚，其他地区不再新建大型和超大型数据中心。

广东省于 2022 年 5 月提出了"强化数字经济引领，推进全国一体化算力网络韶关数据中心集群建设"的目标。为此，首届"东数西算"粤港澳大湾区（广东）算力产业大会在韶关举行，标志着国家级骨干网络枢纽节点韶关集群正式揭牌。

自 2017 年以来，广东省在高水平科技自立自强方面做出了积极努力，全力打造具有全球影响力的科技和产业创新高地。通过实施制造业高质量发展六大工程、培育 20 个战略性产业集群，广东省形成了 8 个万亿元级产业集群，涉及新一代电子信息、绿色石化、智能家电、先进材料、现代轻工纺织、软件与信息服务、现代农业与食品以及汽车产业。广东省规模以上工业企业达到 6.7 万家，5 年增加了 2 万家。高新技术企业达到 6.9 万家，5 年翻了一番以上。在基础研究重大项目和重点领域研发计划方面，广东省取得了一系列突破性成果。鹏城实验室和广州实验室两个国家级重大科研平台开始正式运作，2023 年全省研发经费支出占地区生产总值的比重达到 3.39%。广东省系统性推进基础研究十年"卓粤"计划落地实施，全省获国家自然科学基金立项 4960 项，获资助金额 28.60 亿元，立项数目、获资助金额均创历史新高；省级科技创新战略专项资金中基础研究投入为 30.5 亿元，占实际支出的近 40%[82]。广东省在研发经费投入、研发人员数、高新技术企业数、发明专利有效量、PCT 国际专利申请量等主要科技指标方面均保持全国首位，科技创新对高质量发展的支撑引领能力不断增强。

在 2023 年 1 月 12 日召开的广东省第十四届人民代表大会第一次会议上，政府工作报告[83]提出了"加快发展数字经济"的重要举措，并将推进全国一体化算力网络粤港澳大湾区国家枢纽节点韶关数据中心集群建设列入 2023 年的工作规划。为促进数字经济与实体经济的深度融合，广东省将加强关键软件、工业互联网、区块链等产业的培育壮大，深化国家数字经济创新发展试验区和国家工业互联网示范区的建设，并推动 5000 家规模以上工业企业的数字化转型，带动 10 万家中小企业的云端应用。此外，广东省还支持佛山和东莞打造制造业数字化转型示范城市，支持平台企业在发展引领、就业创造以及国际竞争方面发挥作用。同时，广东省将加快数字公共服务的普惠化、数字社会治理的精准化以及数字生活的智能化，并支持广州和深圳的数据交易所建设，加强数据资源的整合归集、共享利用，并强化网络安全和数据安全保护的能力。

（3）广东省的先行示范创新

① 首席数据官制度的先行示范

广东省首创政府首席数据官（Chief Data Officer，CDO）制度，通过完善组织管理体系盘活公共数据资源。2021 年，工信部出台《"十四五"大数据产业发展规划》[84]，作出了"推广首席数据官，强化数据驱动的战略导向"的工作部署。2021 年广东省政府办公厅出台《广东省首席数据官制度试点工作方案》，2022 年广东省工信厅发布《广东省企业首席数据官建设指南》。

韶关市于 2021 年 5 月被确定为广东省首席数据官制度试点城市。该制度旨在解决政府部门数据资源底数不清、数据共享应用水平较低以及"数据孤岛"等问题。韶关市作为试点城市之一，通过改革攻坚和规范治理，高位推动工作落实，并通过市政府主要领导（市长）担任首席数据官的方式进行领导。

首席数据官的职责在于推动数据在经济运行、社会治理、市场监管、公共服务和生态环境保护等领域的支撑作用，并促进社会数据与公共数据的融合。为此，韶关市强化了数据安全监管，健全了评价机制，致力于实现数据的价值化，并推动数据要素市场的培育和数据交易的推进。这一试点措施旨在加快数据的价值创造，促进学术研究领域的发展，并为学术界提供更多的数据资源和支持。

② 其他首创

广东省在学术研究领域首创了数字空间的概念，旨在通过创新的数据流通安全环境构建一种新的数据利用模式。在这一模式下，不同平台上推出了个人数字空间和法人数字空间，为个人和企业提供了便捷的数据管理和授权服务。具体来说，粤省事平台上线了个人数字空间，该空间集合了 95 种个人常用证照和 34 项常用数据，并实现了累计授权用证达到 655 万次的数据共享。同时，粤商通平台上线了法人数字空间，其中包含了 30 种企业常用证照和 37 项常用数据。广东省首创数据经纪人制度，依托专业中介服务探索数据流通交易新模式。这些创新都为数据的增长和算力的需求提供了政策和产业发展基础。

3．算力中心的发展

（1）数字经济背景

从经济分析的角度来看，广东省在发展大算力中心方面拥有独特的优势。广东省具备雄厚的经济实力，在数字经济竞争力方面位居全国榜首。在数字基础设施、数字创新要素和数字政策环境等方面，广东省同样处于全国领先地位。根据《中国综合算力指数（2023 年）》[85]，广东省综合算力指数（集算力、存力、运力于一体的新型算网能力）达 67.5，居全国第一。

在粤港澳大湾区，韶关数据中心集群成为重点的发展节点。相较于其他节点，韶关在算力基础建设方面进展迅速且步伐坚实。作为该区域的关键节点，韶关数据中心集群将发挥重要作用，为经济发展提供强大的算力支持，并推动该区域在算力基础建设方面取得更快的进步。韶关数据中心集群主要有以下 3 个特点。

一是定位鲜明。构建"韶关大数据产业一张图"，明确从硬件层、数据层、技术层、应用层、衍生层发展数据产业。

二是招商密集。出台《韶关市促进大数据产业创新发展办法（试行）》《韶关市加快促进电子信息制造业招商引资若干支持政策（试行）》等文件，对企业入驻、运营、补贴等方面给予支持。在首届"东数西算"粤港澳大湾区（广东）算力产业大会上，集中签约 30 家企业，总投资额达 1200 亿元，2022 年 8 月份、9 月份又分 3 批与 14 家企业签约并落地建设。

三是创新模式。2022 年 5 月成立广东韶关数据产业投资发展有限公司（简称数投公司）、韶关市绿色投资发展有限公司两家市场化运作的国有企业。其中，数投公司主要负责韶关数据中心集群"投、融、建、管、维、营"，探索国资主动引领、撬动社会资本、推动数据中心集群发展的新模式。

据广东省科学技术厅的数据，自 2016 年以来，广东省研发经费支出从 2035.14 亿元提升至超 4600 亿元，增长约 1.3 倍，稳居全国第一。2023 年全省区域创新综合能力排名实现全国"七连冠"，"深圳-香港-广州"科技集群连续 4 年位居全球创新指数第二位，展现了强大的创新实力，彰显了广东省作为国家重要创新动力源的地位。

随着人工智能企业数量的不断增长，京津冀、江浙沪、粤港澳三大区域已占据了全国人工智能企业的 80% 以上份额。这表明广东省在人工智能领域的发展具有显著的优势，为该领域的创新和发展做出了重要贡献。广东省人工智能企业专利申请量以 28.32 万件位居第一，比排名第二的北京市多出 18.04 万件。由此可见，广东省人工智能技术创新方面优势明显。

（2）粤港澳大湾区的协同发展

首先，粤港澳大湾区的土地面积充足且能够支撑较多的人口，然而相较世界上其他发达的湾区而言，人均生产总值却较小。这表明粤港澳大湾区拥有巨大的发展潜力。因此，粤港澳大湾区的发展特点在于具备较大提升空间。其次，粤港澳大湾区内的城市各自具备不同的产业特点。例如：东莞、佛山和广州以制造业为主导产业，澳门以世界休闲产业为核心，香港以金融业为主要支柱，深圳则是科技创新产业的中心。因此，需要进一步促进这些城市的深度融合。最后，粤港澳大湾区有政策协同和城市群联动发展的优势。这为该地区的发展创造了重大机遇，但同时也对政策制定者、行业联盟和参与该地区发展的利益相关者提出了挑战。

上述粤港澳大湾区的发展特点与数字经济的发展密切相关。在数字化时代，数字经济已成为全球经济发展的重要驱动力。而粤港澳大湾区是我国数字经济发展活跃的地区之一。首先，该地区拥有较多的高科技企业和互联网公司，这些企业不断探索新的技术和商业模式，推动数字经济的发展。同时，该地区各城市具备不同的产业优势，如深圳以科技创新为主导，香港以金融业为核心，这些优势也为数字经济的快速发展提供了坚实的基础。其次，粤港澳大湾区作为一个国际化的城市群，连接了世界各地的资本、技术和人才资源。这种资源的汇聚为数字经济的发展提供了良好的环境。例如，该地区的互联网金融企业可以通过跨境金融机构和服务，吸引更多的全球投资者参与，促进数字经济的跨境合作和交流。最后，粤港澳大湾区的政府和企业领袖们对数字经济的未来发展也十分看重。他们积极推动数字化转型，加强人才培养和技术创新，为数字经济的发展提供了有力支持。粤港澳大湾区在面对数字经济发展时具备独特的优势，如产业优势、国际化背景和政策支持等。这些优势为数字经济的快速发展提供了良好的条件，并使该地区成为我国数字经济发展的重要引擎之一。

2.2.4　成渝枢纽[86]

成渝作为西部国家级特大中心城市，经济基础及实力属于西部较强区域之一，其定位是打造具有全国影响力的重要经济中心、科技创新中心、改革开放新高地、高品质生活宜居地。在该定位的驱动下，2023年川渝地区生产总值超过9万亿元，双城经济圈经济总量达到81986.67亿元，占全国、西部地区的比重分别为6.5%、30.4%，分别比上年提高0.1个、0.3个百分点，区域位势能级稳步提升，引领示范带动作用不断增强。人口方面，第七次全国人口普查数据显示，成都成为继重庆、上海、北京之后，我国第 4 个 2000 万级人口的城市。经济的快速发展和人口密集程度决定了成渝枢纽产生的数据量和对数据的处理需求不低于或者紧跟京津冀、长三角、粤港澳大湾区枢纽节点。

此外，成渝地区双城经济圈位于"一带一路"和长江经济带的交会处，是东部产业转移的首选地、西部大开发大开放的战略支点，同时也是国家新开放格局中面向东亚与东南亚、南亚的国际门户枢纽，该区位优势奠定了成渝作为西部国际数据门户的重要地位。另外，成渝地处我国西南腹地，能够很好地辐射贵州、甘肃、宁夏、内蒙古等数据中心区域，又能有效对接长三角、粤港澳大湾区以及福建、海南等算力需求热点地区，因此成渝地区具备东西部算力统筹调度功能的天然优势。

1．成渝枢纽政策解读

2022 年 2 月，国家发展改革委、中央网信办等四部委联合印发《国家发展改革委等部门关于同意成渝地区启动建设全国一体化算力网络国家枢纽节点的复函》[87]，同意在成渝地区启动建设全国一体化算力网络国家枢纽节点（简称成渝枢纽）。四部委指出以下 5 点。

（1）成渝枢纽要充分发挥本区域在市场、技术、人才、资金等方面的优势，发展高密度、高能效、低碳数据中心集群，提升数据供给质量，优化东西部间互联网络和枢纽节点间直连网络，通过云网协同、云边协同等优化数据中心供给结构，扩展算力增长空间，实现大规模算力部署与土地、用能、水、电等资源的协调可持续。

（2）成渝枢纽规划设立天府数据中心集群和重庆数据中心集群。其中，天府数据中心集群起步区为成都市双流区、郫都区、简阳市。重庆数据中心集群起步区为重庆市两江新区水土新城、西部（重庆）科学城璧山片区、重庆经济技术开发区。围绕两个数据中心集群，抓紧优化算力布局，平衡好城市与城市周边的算力资源部署，做好与"东数西算"工程的衔接。

（3）天府数据中心集群、重庆数据中心集群应符合新型数据中心的发展要求，尽快启动起步区建设，逐步落地重点建设项目。项目建设主体原则上为数据中心相关行业骨干企业，支持发展大型、超大型数据中心，建设内容涵盖绿色低碳数据中心建设、网络服务质量提高、算力高效调度、安全保障能力提升等，落实项目规划、选址、资金等条件。

（4）天府数据中心集群、重庆数据中心集群应抓紧完成起步区建设目标：数据中心平均上架率不低于 65%。数据中心电能利用效率指标控制在 1.25 以内，可再生能源使用率显著提升。网络实现动态监测和数网协同，服务质量明显提升，电力等配套设施建设完善，能高质量满足"东数西算"工程业务需要。形成一批"东数西算"工程典型示范场景和应用。安全技术、措施和手段同步规划、同步建设、同步使用。

（5）成渝枢纽要统筹好区域内在建和拟建数据中心项目，设置合理过渡期，确保平稳有序发展。

2022 年 12 月 30 日，成都印发了《全国一体化算力网络成渝国家枢纽节点（成都）推进方案》（简称《方案》）[88]。《方案》提出，到 2025 年，全面建成天府数据中心集群起步区，起步区内机架规模达到 30 万架，上架率不低于 70%，电能利用效率不高于 1.25。以超算、智算为重点，全面提升算力供给质量，建成服务全国的西部算力调度中心，实现集群内数据中心的一体化调度，可调度服务器超过 100 万台。数据中心产业链基本形成，关键设备和基础软件取得突破，集群起步区内新建数据中心核心软硬件自主可控比例争取达到 90%。《方案》还提出，以支撑成渝地区双城经济圈建设、智慧蓉城建设、产业建圈强链为导向，聚焦"三个做优做强"，优化天府数据中心集群的功能分布，灵活布局若干城市内部边缘数据中心，形成"群-城"互补、"云-边"协同的全市一体化数据中心体系。

2."成渝地区双城经济圈建设"背景和战略意义

"成渝地区双城经济圈建设"是把握新发展阶段、贯彻新发展理念、构建新发展格局的重大战略部署。2020 年 1 月，中央财经委员会第六次会议做出推动"成渝地区双城经济圈建设"的重大决策部署；同年 10 月，党的十九届五中全会将其写入"十四五"规划。2021 年 10 月，中共中央、国务院印发了《成渝地区双城经济圈建设规划纲要》[89]，明确指出，推动成渝地区双城经济圈建设，是构建以国内大循环为主体、国内国际双循环相互促进新发展格局的重大举措，对推动高质量发展具有重要意义。2021 年 12 月，中共重庆市委、中共四川省委、重庆市人民政府、四川省人民政府联合印发了《重庆四川两省市贯彻落实〈成渝地区双城经济圈建设规划纲要〉联合实施方案》[90]，指出要加快构建双城经济圈发展新格局、合力建设现代基础设施网络。2023 年 2 月，重庆市政府办公厅、四川省政府办公厅联合印发《推动成渝地区双城经济圈市场一体化建设行动方案》[91]，提出到 2025 年，区域内市场基础设施实现互联互通，商品要素资源流动更加顺畅。

成渝地区双城经济圈的规划范围包括重庆市的中心城区及万州、涪陵、綦江、大足、黔江、长寿、江津、合川、永川、南川、璧山、铜梁、潼南、荣昌、梁平、丰都、垫江、忠县等 27 个区（县）以及开州、云阳的部分地区，四川省的成都、自贡、泸州、德阳、绵阳（除平武县、北川县）、遂宁、内江、乐山、南充、眉山、宜宾、广安、达州（除万源市）、雅安（除天全县、宝兴县）、资阳 15 个市，总面积为 18.5 万平方千米。近年来，成渝地区双城经济圈经济总量基本呈现持续增长趋势，并且经济增速多年来普遍高于全国水平。四川省统计局和重庆市统计局发布的数据显示，2022 年成渝地区双城经济圈地区生产总值达 7.76 万亿元，分别占全国和西部地区的比重为 6.4% 和 30.2%。国家实施"成渝地区双城经济圈建设"具有以下战略意义。

（1）实现双循环中的"区域循环"

推动"成渝地区双城经济圈建设"是新形势下促进区域协调发展，形成优势互补、高质量发展区域经济布局的重大战略支撑，也是构建以国内大循环为主体、国内国际双循环相互促进新发展格局的一项重大举措。但除上述战略考量外，推动"成渝地区双城经济圈建设"还在携手打造优势产业集群、强化区域人才协同发展、共建开放互通的数据资源平台、健全区域一体化发展体制机制等方面助推经济圈实现内部"区域循环"。

首先，携手打造优势产业集群，助推经济圈实现产供销循环。《成渝地区双城经济圈建设规划纲要》明确提出，培育世界级装备制造产业集群，培育特色消费品产业集群，联手打造具有国际竞争力的电子信息产业集群，打造重庆中心城区辐射带动周边的战略支点。以制造业为例，电子信息与汽车工业是重庆的两大支柱产业，逐渐形成研发在成渝地区双城经济圈的中心城市、制造业上下游逐渐向周边区域拓展延伸的梯度布局的产业分工体系。因此，产业集群发展可帮助补齐产业链关键环节短板，促进区域内产业链上下游合作和协同创新。而发展优势产业集群又进一步凸显了产业集聚效应和核心竞争力，从而带动研发、生产、制造、销售等产供销在区域内的循环畅通。

其次，强化区域人才协同发展，助推经济圈实现人才循环流动。长期以来，四川省和重庆市受行政区域限制，人才发展存在不同程度的本位主义和各自为政的现象，导致人才流动的制度性成本较高。推动成渝地区双城经济圈建设实现了经济圈内的人才资源协同发展和高效集聚。例如，成渝地区通过共同组建双城经济圈人才发展联盟、高校联盟，共同成立人力资源服务产业园联盟，建立跨界共享人才资源服务平台等，实现了经济圈内人才资源的自由流动。通过建立多元化的人才协同发展政策体系，构建川渝人才共引、共育、共用机制，实现了人才资源在经济圈内的高效集聚和互通。

再次，共建开放互通的数据资源平台，促使经济圈内数据循环畅通。成渝双城经济圈建设下，成渝两地统筹布局大型云计算和边缘计算数据中心，完善工业互联网标识，解析国家顶级节点功能，为畅通数据资源大循环提供基础支撑。引导经济圈内各城市全面建立数字化管理平台，推进"数字+"与城市各运营管理领域深度融合，实现数据资源共享共用。当前四川、重庆两地已实现发改、公安、人社、交通、自然资源等 44 个部门的 317 类数据资源落地共享。

最后，健全区域一体化发展体制机制是实现上述循环的重要支撑。双城经济圈通过积极探索行政区与经济区的适度分离，创新区域政策制度体系，有助于推进区域公共服务均等化，打造良性循环的竞合机制平台。

（2）助推成渝地区数字经济高质量发展

《成渝地区双城经济圈建设规划纲要》指出要大力发展数字经济。近年来，四川和重庆获批建设国家数字经济创新发展试验区、国家新一代人工智能创新发展试验区、成渝地区工业互联网一体化发展示范区等"金字招牌"，持续加快推动数字产业化和产业数字化进程，促进数字经济和实体经济的融合发展，取得显著成效。

四川省数字经济规模不断壮大，2022 年如期完成国家数字经济创新发展试验区建设任务。成都、绵阳、泸州、眉山入选全国首批"千兆城市"，成都超算中心（一期）已建成投运。2022 年四川数字经济核心产业增加值超过 4300 亿元，建成 5G 基站超过 11 万个、光纤宽带端口超过 6500 万个，建成一批区块链技术应用示范场景。通过实施"上云用数赋智"行动，新增 3 万家企业上云。同时，算力排名全球前十的成都超算中心被纳入国家序列，中国·雅安大数据产业园成为全国首个"碳中和"绿色数据中心。

重庆作为国家数字经济创新发展试验区之一，其数字经济发展已进入全国"第一方阵"。2022 年，重庆数字经济核心产业增加值达到 2200 亿元，建成国家工业互联网数字化转型促进中心，新实施智能化改造项目 1407 个，新认定智能工厂 22 个、数字化车间 160 个，推动企业"上云"1.3 万余家。

此外，成渝还通过共建云计算中心和大数据产业基地，打造"数字链"赋能双城圈发展，有效改善了成渝经济圈数字经济与经济高质量发展耦合协调度偏低的现状。

3．成渝枢纽节点的背景和建设布局

2022 年 2 月，国家发展改革委、中央网信办、工业和信息化部、国家能源局四部门同意成渝地区启动建设全国一体化算力网络国家枢纽节点。《国家发展改革委等部门关于同意成渝地区启动建设全国一体化算力网络国家枢纽节点的复函》要求，成渝枢纽要充分发挥本区域在市场、技术、人才、资金等方面的优势，发展高密度、高能效、低碳数据中心集群。成渝枢纽规划设立天府数据中心集群和重庆数据中心集群。

（1）全国一体化算力网络成渝国家枢纽节点（重庆）

重庆作为西部大开发的重要战略支点、"一带一路"和长江经济带的联结点，重庆数据中心集群肩负着"承东启西"的战略使命。目前，重庆正贯彻落实国家"东数西算"工程战略布局，加快算力中心部署，一批数据中心项目落地、开工。重庆数据中心集群全力打造两江新区水土新城、西部（重庆）科学城璧山片区、重庆经济技术开发区 3 个起步区建设，并优先支持在起步区建设大型和超大型数据中心等基础设施。其中，两江新区水土新城建成 9 个超大型、大型数据中心，是西部地区集中度最高、规模最大的云计算基地；西部（重庆）科学城璧山片区规划建成高性能计算集聚区，打造集通用计算、异构计算、智能计算于一体的先进数据中心；重庆经济技术开发区建成江南大数据产业园、京东探索研究院超算中心等。

同时，重庆坚持多措并举建设绿色化数据中心，主要包含推动绿色集约化布局、加大先进节能节水技术应用、提高 IT 设施能效水平等，计划到 2025 年实现重庆数据中心集群内数据中心规模占比超 80%，国家绿色数据中心数量超 10 个。2023 年，重庆启动实施"算力山城 强算赋能"行动，加快推进算力网络体系建设。目前，重庆已投产 2 个超大型数据中心、11 个大型数据中心、40 个边缘数据中心，建成 3 个智算中心和 1 个高性能计算中心，初步形成以两江新区、西部（重庆）科学城、重庆经开区为核心，万州区、涪陵区、九龙坡区、南岸区、巴南区、长寿区等地多点布局旳一体化大数据中心体系，可提供云计算、超级计算、人工智能计算等多元算力服务。

四川省作为"东数西算"工程的战略支点，承担着"东数""西算"双重任务。为积极响应国家"东数西算"战略工程，四川省重点布局建设天府数据中心集群，夯实省内数字经济发展基础。从区域布局来看，天府数据中心集群计划先期在成都双流区、郫都区、简阳市建设 3 个起步区，主要以成都科学城超算产业集聚区、成都西部智算产业集聚区、成都东部云计算和边缘计算产业集聚区为载体，带动数据中心相关产业集聚发展。2022 年 8 月 2 日，四川省发展改革委、省委网信办等六部门联合印发旳《全国一体化算力网络成渝国家枢纽节点（四川）实施方案》[45]明确指出，到 2025 年，天府数据中心集群起步区全面建成，基本形成布局合理、绿色集约、安全可靠、算力规模与数字经济增长相适应的数据中心一体化发展格局；到 2030 年，全省范围内形成布局优化、技术先进、绿色低碳的一体化数据中心体系，算力算效水平达到全国先进水平，大数据协同创新效应显著，数据要素市场基本形成，全面支撑经济社会数字化转型，加快建成国家"东数西算"工程的核心枢纽。当前，成都正依托算力产业基础、创新资源和市场腹地优势，加快推进天府数据中心集群的建设。同时，成都已形成"一体两翼"的算力政策体系，这使成都成为全国首个专门制定算力产业专项政策的城市。

（2）成渝枢纽节点协同路径

国家发展改革委等部门联合印发的《全国一体化算力网络成渝国家枢纽节点（四川）实施方案》中明确提出，成渝枢纽节点优化东西部间互联网络和枢纽节点间直连网络，通过云网协同、云边协同等优化数据中心供给结构，扩展算力增长空间，实现大规模算力部署与土地、用能、水、电等资源的协调可持续。基于上述要求，成渝枢纽两大集群可从以下六方面实现协同。

一是网络协同。网络质量是实现算力均衡布局的前提。早在 2021 年 11 月，四川、重庆两地通信管理局便联合公布成渝地区双城经济圈信息通信业 2022 年工作要点，其中明确提出，加快成渝双城要道 5G 网络建设，打造成渝地区双城经济圈 5G 网络建设标杆区；构建以成都、重庆为核心的"千兆城市群"，实现川渝城镇以上千兆宽带全覆盖；推动数据中心网络直联、区间网络链路优化，强化"东数西算"工程支撑。在此基础上，成渝枢纽两大集群的网络协同可进一步围绕数据中心集群建设数据中心直连网，对网络进行全面提速，加速光纤通信向全光网演进，建立低时延、高算力、大带宽的算力网络。同时成渝要积极探索区域间合理的网络结算机制，降低网络传输成本。

二是数据协同。近年来，成渝地区双城经济圈积极贯彻落实国家大数据战略，探索推动数据要素市场化配置改革，大数据协同发展已取得显著成效。但从成渝双城分别发布的"十四五"规划可以看出，成都具备软件和互联网基础，数字产业化更强；重庆是制造重地，具备工业基础，产业数字化更强。成渝双城在数字经济发展方面呈现出差异化发展，势必导致双城在积累的数据方面也存在较大差异。为进一步提升枢纽节点数据协同水平，成渝双城需：①进一步加强数据清洗、加工、精化等，提升各个环节的数据质量，优化数据治理；②试验多方安全计算、区块链、隐私计算、数据沙箱等技术模式，构建数据可信流通环境；③探索数据要素市场化，加快建设西部数字资产交易中心，建立数据确权、数据定价和市场监管运行等数据交易机制。

三是算力协同。算力主要是对数据的处理能力，因此数据协同的同时，算力协同也是必不可少的。对于成渝而言，进行算力协同，一是构建算力协同网络。在数据中心集群和城区内部的两级算力布局下，推动各行业数据中心加强一体化联通调度，促进多云之间、云和数据中心之间、云和网络之间的资源联动，构建算力服务资源池，实现算力资源的有效分配。二是构建分级分类的算力资源需求体系。结合成渝双城经济圈城市机会清单发布机制，建立算力资源清单和需求清单，促进算力资源高效精准对接。充分发挥云集约调度优势，引导各行业合理使用算力资源，对面向高频次业务调用、网络时延要求极高的业务，引导其向城市级高性能、边缘数据中心调度。对于其他算力要求,引导其向数据中心集群调度。三是共同推进西部算力调度中心建设,积极探索建立双城间算力资源调度和交易机制,进一步降低算力使用成本和门槛。

四是产业协同。成渝还需注重以算力为核心融合大数据、人工智能、物联网、区块链等新兴技术,并与智能制造、智慧城市、智慧医疗、智能交通等领域协同联动,为成渝数字经济发展带来强劲动力。例如培育发展与相关产业融合的大数据存储、大数据采集、大数据加工、数据中心配套设备、服务器、集成电路、云计算产品及服务、智能制造等上下游产业,做好大数据云计算产业集群补链强链;积极引进国内外投资规模大、技术领先、管理先进、带动力强的大数据、云计算等企业落户,补齐相关产业短板,发展芯片、服务器系统、IDC 运维、应用软件解决方案等产业,搭建 IDC 建设基础。

五是算法协同。国家信息中心信息化和产业发展部主任单志广认为,在数字经济的三要素中,数据位于价值金字塔的底层,算力处于价值金字塔的中部,而算法处于价值金字塔的塔尖,它的价值含量最高,对数字经济发展的作用最关键。因此,成渝应高度重视算法基础设施建设,协同打造先进算法供给高地,提升成渝枢纽数据中心集群的算法能力和竞争能力。一是依托成渝双城经济圈建设,开展产学研合作,支持企业高校研发基于智能算法的高端软件,依托龙头企业,建设普惠 AI 开源开放平台、开源社区,储备相关人才;二是加强国内外科技合作,包括共建"一带一路"科技创新合作区和国际技术转移中心等;三是积极推进算法交易集市和算法标准、测评体系建设,构建良好的算法生态。

六是能源协同。算力越高,其对能源的需求就越大。成渝要建设低碳数据中心集群,同样离不开能源协同。2022 年发布的《推动川渝能源绿色低碳高质量发展协同行动方案》[92] 从建设优质清洁能源基地、推动川渝电网一体化建设、提高能源安全储备能力、推动能源消费清洁转型、提高能源现代化治理能力、提高能源供应安全保障能力、提高能源产业竞争力 7 个方面,保障成渝地区双城经济圈建设清洁用能需求,助推成渝能源领域碳达峰落地实施。在此基础上,成渝可围绕数据中心集群配套可再生能源电站,扩大可再生能源市场化交易范围,对数据中心集群进行统一能耗指标调配,集中保障数据中心的用地和用水资源。

2.2.5　内蒙古枢纽

1．内蒙古枢纽政策解读

2022 年 2 月，国家发展改革委、中央网信办等四部委联合印发《国家发展改革委等部门关于同意内蒙古自治区启动建设全国一体化算力网络国家枢纽节点的复函》[93]，同意在内蒙古自治区启动建设全国一体化算力网络国家枢纽节点（简称内蒙古枢纽）。四部委指出以下 4 点。

（1）内蒙古枢纽要充分发挥本区域在气候、能源、环境等方面的优势，发展高可靠、高能效、低碳数据中心集群，优化东西部间互联网络和枢纽节点间直连网络，通过云网协同、多云管理等技术构建低成本的一体化算力供给体系，重点提升算力服务品质和利用效率，打造面向全国的算力保障基地。

（2）内蒙古枢纽规划设立和林格尔数据中心集群，起步区边界为和林格尔新区和集宁大数据产业园。充分发挥集群与京津冀毗邻的区位优势，为京津冀高实时性算力需求提供支援，为长三角等区域提供非实时性算力保障。

（3）和林格尔数据中心集群应符合新型数据中心的发展要求，尽快启动起步区建设，逐步落地重点建设项目。项目建设主体原则上为数据中心相关行业骨干企业，支持发展大型、超大型数据中心，建设内容涵盖绿色低碳数据中心建设、网络服务质量提高、算力高效调度、安全保障能力提升等，落实项目规划、选址、资金等条件。

（4）和林格尔数据中心集群应抓紧完成起步区建设目标：数据中心平均上架率不低于65%。数据中心电能利用效率控制在 1.2 以下，可再生能源使用率显著提升。网络实现动态监测和数网协同，服务质量明显提升，电力等配套设施建设完善，能高质量满足"东数西算"工程业务需要。形成一批"东数西算"工程典型示范场景和应用。安全技术、措施和手段同步规划、同步建设、同步使用。

2．节点建设情况

内蒙古枢纽节点规划设立和林格尔数据中心集群，起步区边界为和林格尔新区和集宁大数据产业园。和林格尔数据中心集群的发展定位为"援京助东"，即充分发挥集群与京津冀毗邻的区位优势，为京津冀实时性算力需求提供支持，为长三角、粤港澳大湾区等区域提供非实时性算力保障。

内蒙古枢纽节点聚焦打造全国最强的绿色算力供给者，持续扩大算力底座，集聚了移动、联通、电信三大运营商，以及国家部委、主要金融机构、头部企业的数据中心、超算平台、智算中心等 38 个项目，累计完成固定资产投资近 200 亿元，数据中心机架总规模达到 15 万台标准机架，算力规模进入全国八大枢纽、十大数据中心集群前列。内蒙古枢纽节点不断夯实通信网络基础，国家级互联网骨干直联点、国际互联网数据专用通道开通运行，总出口带宽达 51.8Tbit/s，与全国 18 个直辖市和省会城市建立直达链路，实现了"京津冀网内时延 7.7ms、上海网络时延 26.9ms、广州网络时延 40.07ms"，形成了内通全国、外联俄蒙欧的通道网络体系；持续提升数据应用水平，围绕工业、农业、服务业和智慧城市数字化建设，已引进落地 15 个数据应用平台，营业收入达 100 多亿元[94]。

内蒙古枢纽节点聚焦构建"数字+"产业生态体系，大力发展"数字+智能制造""数字+生物技术""数字+新材料""数字+现代服务业"，先后引进了服务器制造、电控设备、生物制品、微生态制剂、氮化物、纳米碳化硅、跨境电商、智慧物流等 37 个项目；先后落地了金融及类金融机构 130 家，私募基金管理规模达到 280 亿元，位居自治区前列[95]。

3．内蒙发展算力的优势

（1）区位优势

内蒙古位于中国北方，横跨东北、华北、西北 3 个地区，与多个省区相邻，具有独特的地缘优势。这种地理优势使内蒙古在"东数西算"工程中扮演着重要角色。

首先，内蒙古地理位置靠近中国的主要用户群体，特别是京津冀、长三角、珠三角等经济发达地区。这意味着在内蒙古建立数据中心可以实现对全国范围内数据的快速处理和存储，提高数据处理效率。此外，内蒙古与多个省区相邻，数据传输距离较短，有助于降低数据传输时延，提高服务响应速度，进一步提升用户体验。

其次，相比于东部沿海地区，内蒙古的地价相对较低。这有利于降低数据中心的建设和运营成本，使企业在内蒙古投资数据中心更具竞争力。低成本的优势还可以吸引更多的企业来内蒙古设立分支机构，进一步促进地区经济发展。

（2）能源优势

内蒙古是清洁能源大省，是风力发电和太阳能发电大户，是全国最主要的可再生能源基地。风能资源技术可开发量为 14.6 亿千瓦，约占全国总量的 57%；太阳能资源技术可开发量为 94 亿千瓦，约占全国总量的 21%。全区 6000 千瓦以上新能源发电装机容量达 6641 万千瓦，占全区电力总装机容量的 37.5%，到 2025 年，新能源装机规模将达到 1.35 亿千瓦以上，新能源装机占比将超过 50%，能够为数字经济发展提供更加充足的绿色能源保障[96]。此外，2022 年，内蒙古专门出台了《关于调整战略性新兴产业电力交易的若干政策》[97]，和林格尔新区数据中心用电成本全国最低。

内蒙古能源丰富价廉，为数据中心的能源供应提供了保障。同时，清洁能源的发展也为数据中心的绿色运行提供了可能，能够满足数据中心绿色高质量发展需求。从能源供给端使用绿能，传导至算力池，产生绿色算力赋能千行百业。

（3）气候优势

内蒙古的气候条件为数据中心的建设和运营提供了得天独厚的环境，有助于构建高效、稳定且环保的数据处理环境。其优势主要体现在以下 4 个方面。

首先，内蒙古地区气候干燥，降水量稀少，尤其是西部地区，干旱的气候特点尤为突出。这种干燥的气候条件有利于数据中心的湿度控制，避免了过多降水可能对设备正常运行造成的影响。

其次，内蒙古拥有显著的温差，冬季寒冷，夏季炎热，昼夜温差较大。这样的气候特点使数据中心内部设备的运行产生的热量可以通过自然环境进行有效冷却，减少对空调等冷却设备的依赖，从而显著降低数据中心的能耗。

再者，内蒙古的气候稳定性较高，不受台风、地震等自然灾害的影响，为数据中心的建设和运行提供了一个稳定的大环境。

最后，内蒙古地区空气质量上乘，污染较少，这有利于避免空气污染对数据中心设备造成潜在的故障风险，确保了设备长期的稳定运行。

2.2.6 贵州枢纽[98]

1．贵州枢纽政策解读

2022 年 2 月，国家发展改革委、中央网信办等四部委联合印发《国家发展改革委等部门关于同意贵州省启动建设全国一体化算力网络国家枢纽节点的复函》[99]，同意在贵州省启动建设全国一体化算力网络国家枢纽节点（简称贵州枢纽）。四部委指出以下 4 点。

（1）贵州枢纽要充分发挥本区域在气候、能源、环境等方面的优势，发展高可靠、高能效、低碳数据中心集群，优化东西部间互联网络和枢纽节点间直连网络，通过云网协同、多云管理等技术构建低成本的一体化算力供给体系，重点提升算力服务品质和利用效率，打造面向全国的算力保障基地。

（2）贵州枢纽规划设立贵安数据中心集群，起步区边界为贵安新区贵安电子信息产业园。围绕贵安数据中心集群，抓紧优化存量，提升资源利用效率，以支持长三角、粤港澳大湾区等为主，积极承接东部地区算力需求。

（3）贵安数据中心集群应符合新型数据中心的发展要求，尽快启动起步区建设，逐步落地重点建设项目。项目建设主体原则上为数据中心相关行业骨干企业，支持发展大型、超大型数据中心，建设内容涵盖绿色低碳数据中心建设、网络服务质量提高、算力高效调度、安全保障能力提升等，落实项目规划、选址、资金等条件。

（4）贵安数据中心集群应抓紧完成起步区建设目标：数据中心平均上架率不低于 65%。数据中心电能利用效率控制在 1.2 以下，可再生能源使用率显著提升。网络实现动态监测和数网协同，服务质量明显提升，电力等配套设施建设完善，能高质量满足"东数西算"工程业务需要。形成一批"东数西算"工程典型示范场景和应用。安全技术、措施和手段同步规划、同步建设、同步使用。

"天无三日晴、地无三尺平、人无三分银"是数百年来人们对贵州省的刻板印象。2012 年，国务院发布了《国务院关于促进贵州经济社会又好又快发展的若干意见》[100]，这一举措被视为国家全面支持贵州省发展的标志性政策，并被业内认为是贵州省数字经济产业发展的重要里程碑。在数字产业规划方面，贵州省全面落实党中央、国务院决策部署，先后出台《中共贵州省委省人民政府关于实施大数据战略行动建设国家大数据综合试验区的意见》[101]、《贵州省大数据融合创新发展工程专项行动方案》[102]、《全国一体化算力网络国家（贵州）枢纽节点建设方案》[103]等重要大数据产业规划方案。2021 年，贵州省委、省政府印发《关于在实施数字经济战略上抢新机的实施意见》[104-105]，明确提出将贵州省打造为"一区三高地"，即大数据电子信息产业集聚区、数据融合创新示范高地、数据算力服务高地和数据治理高地。2022 年 1 月，国家发展改革委等 4 个部门正式批复同意《全国一体化算力网络国家（贵州）枢纽节点建设方案》[99]，贵州省将开展以"数网""数纽""数链""数脑""数盾"为重点的全面一体化建设。2022 年 7 月，贵州省人民政府办公厅印发了《省人民政府办公厅关于加快推进"东数西算"工程建设全国一体化算力网络国家（贵州）枢纽节点的实施意见》[47]，明确指出要"培育壮大算力运营企业""培育算力交易市场""丰富业务应用场景""提升自主可控水平""强化安全技术综合防护"等，这些具体实施建议对数字产业生态发展方向和贵州省产业生态体系建设有重大影响。

2．节点建设情况

近几年，随着三大运营商、华为、苹果、腾讯等数字科技企业数据中心相继落户贵州省，贵州省大数据产业发展初具规模，并初步形成了产业集群效应。近几年贵州省数字经济增速保持突出表现，2016—2021 年连续全国增速第一。2017—2021 的数字经济增长率数据表明，尽管增速呈回落态势，但是贵州省数字经济规模增速始终高于全国数字经济规模平均水平，具体数据如图 2.1 所示。

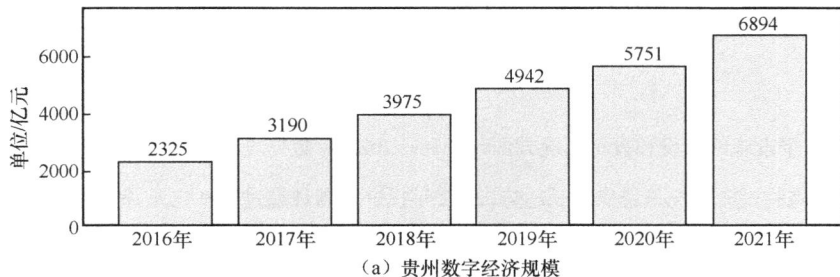

（a）贵州数字经济规模

图 2.1　数字经济规模变化

（b）数字经济规模增速

图 2-1　数字经济规模变化（续）

尽管贵州省的数字经济增长水平较高，但是数字产业化总体发展空间依旧较大。对比 2021 年产业数字化与数字产业化贵州省与全国的规模占比（如图 2.2 所示）可以发现，贵州省数字产业化规模在数字经济中占比较低。如何依托现有大数据发展优势，发挥好区域数字产业优势，做大数字产业化相关企业，从而起到带动和稳定贵州省大数据发展的势头，依旧是需要关注和解决的问题。

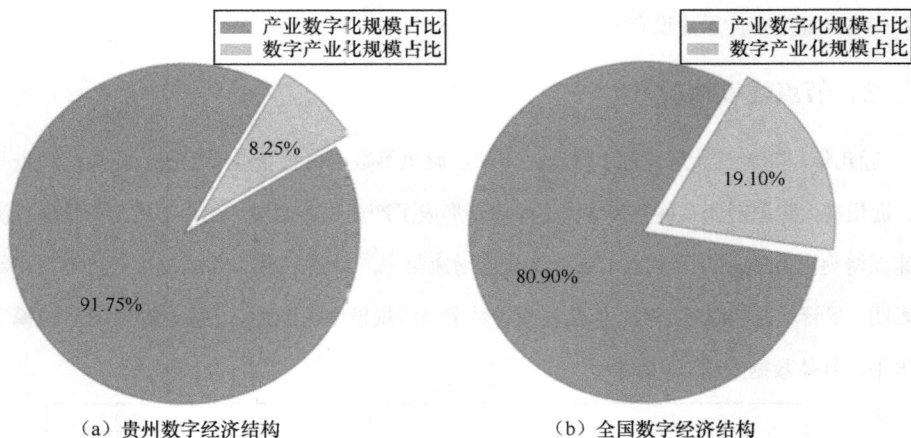

（a）贵州数字经济结构　　　　　　（b）全国数字经济结构

图 2.2　数字经济结构比例

在数字设施的建设和投资情况方面，2018—2022 年数据表明（如图 2.3 所示），贵州省数字设施的投资情况呈稳步增长趋势，2022 年投资额累计超过 200 亿元。截至 2023 年 2 月底，最新数据显示，2023 年相应数字设施投资金额已达 49 亿元，其中贵阳贵安新区占比 60%。由相应数据可以看出，在“东数西算”工程背景下，相关的投资继续呈稳步提升趋势。

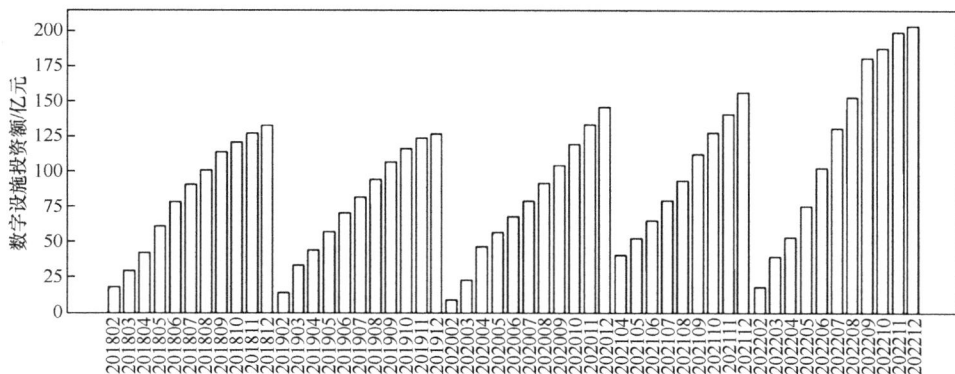

图 2.3 累计数字设施投资额

3．外部环境分析

（1）科研技术环境分析

在数字科技教育方面，2015 年贵阳市委、市政府下发《关于加快大数据产业人才队伍建设的实施意见》[106]，2016—2017 年贵州省 13 所高校相续获批数据科学与大数据技术专业。除此之外，华为大数据学院、阿里巴巴·贵州理工大数据学院等产业学院探索产教融合模式，培养产业需要的应用型人才。但是"东数西算"工程建设及配套产业发展对数字化人才提出了更高要求，尤其是产业链信创产品研发和基础研发人才短缺，地方政府仍需要加强相关人才培养和招引。

（2）社会及生态环境

有学者将贵州省大数据产业发展归因于生态环境、宏观政策、宏观经济因素，也有研究指出，贵州省数字产业得以发展，更重要的内在原因是贵州省把握住了数字经济产业发展的内在规律。在数据处理阶段，贵州省利用地区生态和政策优势吸纳了众多大数据中心建设运营企业入驻；在数据应用方面，贵州省开放政府数据资源，形成以政务数据为驱动的贵州省数字产业发展模式。同时，政府也在积极引导和打造贵州大数据名片，尤其是中国国际大数据产业博览会（简称数博会）的成功召开，持续为贵州省提供同全世界数字经济产业精英及专家交流互动的平台。

在产业生态发展态势方面，围绕数据中心产业集群、智能终端产业集群和数据应用产业集群,贵州省致力于孵化"三个千亿级"产业。在数据中心及相关服务方面,除三大运营商外,通过引入华为、苹果、腾讯等互联网龙头企业落地,带动本土企业快速成长,形成一批极具特色的云服务企业,相关产业已经成为支撑全省软件和信息技术服务业的核心产业。在服务器制造方面,通过引入浪潮、华为鲲鹏等服务器生产基地,在一定程度上满足了贵州省数据中心对新增服务器的采购需求,推动贵州省相关产业链的孵化和发展。在数据分析应用方面,数据宝、满帮、易鲸捷、航天云网、多彩宝、乐诚科技、屹云新材等企业依托自身对行业的认知和数据优势,加快对数据价值的挖掘和行业应用,在政务、工业、金融、交通等领域发挥区域技术引领作用。

2.2.7 甘肃枢纽[107]

1．甘肃枢纽政策解读

甘肃枢纽庆阳数据中心集群具备发展数据中心、承接东部算力需求的潜力。甘肃枢纽庆阳集群的定位是"重点提升算力服务品质和利用效率,充分发挥资源优势,夯实网络等基础保障,积极承接全国范围需后台加工、离线分析、存储备份等非实时性算力需求,打造面向全国的非实时性算力保障基地",重点服务"京津冀、长三角、粤港澳大湾区等区域的算力需求"。甘肃枢纽庆阳数据中心集群建设对统筹东西部区域协调发展、推动甘肃省整体算力水平提高、加快庆阳数字经济发展、调整产业结构、优化资源配置、提高资源使用效率都具有重要的战略意义。

2022 年 2 月,国家发展改革委、中央网信办等四部委联合印发《国家发展改革委等部门关于同意甘肃省启动建设全国一体化算力网络国家枢纽节点的复函》[108],同意在甘肃省启动建设全国一体化算力网络国家枢纽节点(简称甘肃枢纽)。四部委指出以下 4 点。

(1)甘肃枢纽要充分发挥本区域在气候、能源、环境等方面的优势,发展高可靠、高能效、低碳数据中心集群,优化东西部间互联网络和枢纽节点间直连网络,通过云网协同、多云管理等技术构建低成本的一体化算力供给体系,重点提升算力服务品质和利用效率,打造面向全国的算力保障基地。

（2）甘肃枢纽设立庆阳数据中心集群，起步区边界为庆阳西峰数据信息产业聚集区。要尊重市场规律、注重发展质量，打造以绿色、集约、安全为特色的数据中心集群，重点服务京津冀、长三角、粤港澳大湾区等区域的算力需求。

（3）庆阳数据中心集群应符合新型数据中心的发展要求，尽快启动起步区建设，逐步落地重点建设项目。项目建设主体原则上为数据中心相关行业骨干企业，支持发展大型、超大型数据中心，建设内容涵盖绿色低碳数据中心建设、网络服务质量提高、算力高效调度、安全保障能力提升等，落实项目规划、选址、资金等条件。

（4）庆阳数据中心集群应抓紧完成起步区建设目标：数据中心平均上架率不低于65%。数据中心电能利用效率控制在 1.2 以下，可再生能源使用率显著提升。网络实现动态监测和数网协同，服务质量明显提升，电力等配套设施建设完善，能高质量满足"东数西算"工程业务需要。形成一批"东数西算"工程典型示范场景和应用。安全技术、措施和手段同步规划、同步建设、同步使用。

2022 年 11 月，甘肃省庆阳市推出《庆阳市建设全国一体化算力网络国家枢纽节点（甘肃·庆阳）暨"东数西算"工程要素保障方案》[109]，制定实施"陇原人才服务卡"制度，对创办大数据企业或直接引进到大数据企业、科研机构工作的高层次急需紧缺人才，以及落地庆阳的企业总部高职人才和企业高管，在落户、医疗、社保、子女入学、配偶就业、职称评聘等方面提供相应的扶持政策，并提高待遇。

2．节点建设情况

自 2022 年 2 月"东数西算"工程全面启动以来，庆阳紧紧围绕数网、数纽、数链、数脑、数盾"五数"工程和第一阶段建设 30 万标准机架算力的总体目标，举全市之力高质量打造面向全国的算力保障基地，在产业发展、园区建设、算力网络建设和创新园区运营模式等方面初见成效。

（1）产业发展步伐加快

在数字化基础设施建设方面实现跨越式发展，为数字经济提供有力支撑。全市智慧传输主干网容量和传输速率稳步提升，光纤网络建设、多业务传送平台（Multi-Service Transport

Platform，MSTP）专网建设和 IP 城域网升级改造等全面完成。截至 2023 年 9 月，庆阳共 119 个乡镇（含 3 个街道办）1337 个村（社区）已全部实现光纤宽带覆盖。截至 2022 年年底，庆阳已建成 5G 基站 2600 个，5G 网络已实现 8 个县（区）城区和重点区域覆盖，5G 规模化商用逐步开展，5G 在垂直行业的示范引领作用初步显现。截至 2023 年 9 月，庆阳已建有云计算大数据中心机房容纳 6 千瓦机柜 1016 组，可有力支撑政务云平台集约运行，已完成 50 多个委办局、110 多个业务系统及应用迁移上云，资源利用率提升 60%，业务上线周期缩短 90%。

庆阳数据中心集群积极构建大数据平台助力传统产业发展。一是交通方面，先后建成城市公交一卡通项目、智能公交调度系统和出租车视频监控系统等平台，实现了云闪付、银行卡等线上支付功能。二是卫生方面，率先将卫生健康、医疗保障信息平台合并建设，建成了庆阳市全民健康保障信息平台，对接省市业务部门子系统 30 多项，实现了全市各类医疗卫生机构信息互联互通、协同共享。三是文化旅游方面，建设了庆阳市旅游产业运行监测平台，上线"一部手机游甘肃"综合服务平台，推进智慧景区建设，创作智慧旅游内容云，开通乐途旅游庆阳品牌馆，为数字文旅产业发展提供了便利。四是政务服务方面。建成数字政府平台，完成市级大数据基座数据汇聚、数据支撑、数据治理、数据开发、数据服务、数据资产平台和统一门户 7 个子系统建设测试和上线，截至 2023 年 3 月，已汇聚 72 个数据源，数据治理形成数据表 3795 张，数据总量 25.71 亿条。全面推进了政务服务从"线下跑"向"网上办"、从"分头办"向"协同办"的转变，事项跨部门、跨层级协调办理，深度实现了政务服务"一网通办"，"数据跑路"代替"群众跑路"成为现实，极大地提升了庆阳市政务服务效能，形成具有庆阳特色的智慧政务创新发展的良好局面。

（2）园区建设初见雏形

一是产业园区布局完成，园区内布局三智（智算、智能、智产）产业承载区、枢纽资源调度区、数字经济人才培养基地和综合服务配套功能区。

智算产业承载区主要包含了占地超过 400 万平方米的数据中心基础设施，产业定位是聚力发展设备租赁、增值服务产业、云计算产业三大产业，主要落地以绿色、集约、安全为特色的庆阳数据中心（集群），引导超大型、大型数据中心集聚；功能定位是提供数据中心基础服务，包括机位、机架、机柜、机房出租等主机托管服务，以及系统配置、数据备份、故障排除等管理服务。智能、智产产业承载区占地 108 万平方米。智能、智产产业承载区包括企业研发中心和运营中心、运营商研发中心、未来新兴研发预留区、数字产业孵化区和数字产业公司总部办公区。智能、智产产业承载区的产业定位以产业科研创新为特色，重点发展数据治理、人工智能、"人工智能+"等相关产业。其中，智能产业片区着力打造以智能数据、智能语音、智能机器人为主的人工智能产业集群，加快形成核心技术优势，提高庆阳在语音识别、机器学习、类脑计算等领域的产品创新和市场竞争能力，构筑庆阳人工智能产业核心竞争力。智产产业片区重点结合庆阳产业现状及数字化转型需求，促进人工智能与实体经济深度融合，先期选取能源、物流、文旅、农业四大应用场景，加快引进一批人工智能头部企业，助力建设国家现代能源经济示范区，壮大物流枢纽经济，发展智慧文旅。

枢纽资源调度区占地 19.3 万平方米。主要以"东数西算"工程算力资源调度中心为主，成立运营机构对东部节点进行服务承接和协调，包括承接规划和日常对接工作，设立多云管理中心，对数据中心资源进行统一管理。设立云网协同中心，与运营商一同行使新型互联网交换中心智能，提供新型网络链接服务；设立"东数西算"工程产业园区平台运营中心，实现产业园区整体管理，以政府协调管理职能为主。建立东部直连链路骨干点，邀请四大运营商入驻，帮助更好地落地算力调度、多元管理、云网协同的管理职能，进一步完善枢纽资源调度区职能。

数字经济人才培养基地占地 145.8 万平方米，包括陇东学院、庆阳职业技术学院在内。依托产业发展，与陇东学院开展产教融合、校企合作，共建共享实训室、开展"订单班"，为庆阳建设全国一体化算力网络国家枢纽节点提供人才支撑。充分发挥高校资源优势，推动陇东学院与深圳、上海等地研究机构成立联合研究院，主攻算力网络基础科技和绿色能源、调度算法等前沿技术研究。

布局综合服务配套功能区与配套服务区，包括园区综合配套区、商业综合配套区、公寓与住宅配套区，占地 333.5 万平方米。其中，园区综合配套区主要为园区商业配套及市政设施，包括综合服务中心、综合服务设施、会议会展大厅、酒店、商业综合体、商业街等。商业综合配套区主要包括社区商业配套和生活配套，如满足周边居民生活需要所配套的超市、商场、餐饮、百货等。公寓与住宅配套区主要为园区管理人员、技术人员以及周边居民提供居住便利。通过高标准建设一批重大公共服务设施和国际化服务设施，吸引高端创新人才集聚，带动"东数西算"工程产业园区发展。

（3）园区算力网络建设加快

庆阳集群已建成高标准高安全数据安全交换中心，并设立健全的调度组织机制，数据安全感知、交换和分析展示能力显著提升，具备数据实时在线监测及展示、自动取数评价、动态预警介入功能，与安全大脑紧密协同，与算力调度和要素流通平台实现打通，并逐步开放企业服务接口。集群围绕调度平台网络总体建设要求，建成一张安全绿色、智能敏捷的园区级算力调度专网，支撑园区多云异构算力汇聚和平台接入。加入国家算力调度网（与其他中心节点）汇聚连接，实现低时延高效传输，重点支撑"东数西算"工程热数据应用场景，兼顾"东数西存、东数西渲、东数西备"等其他各类场景应用，促进园区大数据产业发展。集群对基础设施做分类建设管理，分底层管道光缆、IP 传输承载网及 5G 定制专网做端到端部署。园区底层管道管廊和光缆设施实现高效建设、完全贯通、安全运营，避免重复建设，故障率显著降低。园区 IP 网和传输网实现规范建设、集中管理，具备安全运行和流量监测能力，能够初步支撑流量调度。园区 5G 专网基本建成，全面支撑智慧园区应用。落实国家网信安全要求，以"东数西算"第二批示范工程"安全防护盾"申报建设为抓手，以安全大脑为核心，围绕"网络安全、数据安全、运维安全"3 个方面，建设园区算网安全体系，加快"安全可信、自主可控"国产化平台、技术部署，园区一体化安全能力达到国内领先水平。

（4）创新园区算力网络运营模式

吸取其他枢纽节点"多主体间责权利匹配度较低，建设运营脱节"的教训，创新园区算力网络运营模式。首先，认清"东数西算"涉及东西部省份多级多类主体的现实，提高责权利的匹配度，强化各主体之间的衔接。其次，根据节点建设主体与运营主体差异大的实际，着力提高建需匹配度，防止频繁改建、建设运营主体更换频繁等现象出现。

3. 庆阳节点优势与亮点

（1）地理优势优越，交通优势明显，确保算力网络效率性能

庆阳市地处甘肃省东部、陕甘宁三省区交会处，不仅全面辐射西部地区，而且到全国各地的辐射路径较为均等。南距西安 255km，北距银川 400km，东距延安 300km，西距兰州 490km，区位性结构点支撑优势非常突出。一方面，地理区位具有战略安全性和远离边境线的独特优势，这对于推动安全可靠产品的应用和安全机制防范，高标准、高起点、高质量建设数据中心意义重大。另一方面，地理位置优越。在庆阳布局枢纽节点，能全面辐射西部地区，直达东部，建设链路到京津冀、长三角和珠三角距离都比较合适，能优化数据中心基础设施、平衡东西部数据中心结构。庆阳市是陕甘宁地区区域性中心城市，交通条件便利，建设直连西安全国互联网骨干节点的直连链路，可保障庆阳集群算力网络时延低、传输效率高。庆阳机场航班直达北京、上海、深圳等 10 多个国内主要城市，银西高铁以及福银、青兰、甜永高速穿境而过，对推动西部地区形成新的数字经济区域性集聚区具有重大的战略意义，对于扩展我国经济集聚"向西走"意义重大。

（2）地质结构稳定，安全系数较高，确保算力网络稳定高标

庆阳市黄土层深厚，地质结构稳定，境内未有活动断裂带经过，属于少震弱震地区。数据中心因地震造成巨大损失的概率低，信息网络设备运行安全系数高，为大数据中心稳定安全运营提供了基础保障。同时，庆阳市人口密度低，土地开发的空间和潜力较大，能保障数据中心集群本地化用地。

（3）气候凉爽适宜，条件得天独厚，确保算力网络绿色低碳

庆阳市具有适宜大数据中心建设的良好气候条件。全市森林覆盖率为 25.83%，超过全国平均值 2.79 个百分点，负氧离子每立方厘米 2 万多个，不存在强污染源和放射源，空气清新，气候凉爽，年均 8.4℃～9.7℃的低温，这些均有利于数据中心降低能耗和减少运维成本。

（4）能源资源富集，电力供应充足，确保算力网络用电

庆阳能源资源丰富，电力储备充足，为"源网荷储一体化+数据中心"模式落地提供了先决条件。石油资源富集，预测地质储量 59.76 亿吨，占鄂尔多斯盆地总资源量的 40%，已探明地质储量 17.97 亿吨，具备建设千万吨级石油产能（产量）的资源条件。煤炭资源丰富，

预测地质储量 2360 亿吨，占鄂尔多斯盆地总资源量的 11.8%，已探明储量 215 亿吨，具备建设亿吨级煤炭产能的资源条件[110]。天然气资源充足，预测地质储量 2 万亿立方米，占鄂尔多斯盆地总资源量的 10%，已提交探明储量 318.86 亿立方米，具备建设 30 亿立方米天然气产能（产量）的资源条件。风光资源可观，开发利用量约为 1600 万千瓦。油煤气电资源储备量居陕甘宁地市级第二位，居甘肃省第一位。庆阳是国家确定的"西煤东运""西电东送""西气东输"基地，是正在建设的陇东能源化工基地主战场，还是正在建设的陇东国家现代能源经济示范区。丰富的风光电资源可以给数据中心集群提供充足的清洁能源支持，为提升可再生能源使用率、打造"零碳"数据中心提供了重要保障，还可有效消纳能源资源，进一步降低数据中心用电成本，确保大数据中心绿电使用率达到 85% 以上。

（5）良好的网络基础和数字产业优势，确保算力网络工程实施

东西部大数据中心和数据协同最重要的基础就是网络质量。庆阳当前网络质量较好，具备支撑数据资源大跨度流动的条件，还有较强的网络链路优势，已建成直连西安全国互联网骨干节点的链路。庆阳具有支撑"东数西算"工程实施的良好基础，网络出口总带宽为 14596Gbit/s，到北上广的平均时延都在 20ms 以内，属于低时延，可满足绝大多数应用的需求。同时，这些数字化基础设施建设又为数字经济发展提供了有力支撑，推动庆阳数字产业快速发展。智慧传输主干网容量和传输速率稳步提升，光纤网络建设、MSTP 专网建设和 IP 城域网升级改造等全面完成。智慧交通、数字医疗和智慧旅游等数字产业成绩斐然。

（6）数字培育基地和健全保障机制，确保算力网络人才支撑

庆阳数据信息产业研究院打造集理论研究、成果转化、咨询分析、人才培训于一体的"智库大脑"，将为庆阳集群建设提供强有力的人才保证和智力支撑，并全面提升庆阳发展数据信息产业和数字经济的能力和水平。

此外，庆阳市围绕数字经济人才开发工作已形成比较健全的保障机制。

一是聚焦甘肃枢纽庆阳集群建设的人才需求，形成《庆阳市数字经济应用型人才培养方案》[111]，按照"市场导向育人、资源共享办学"的思路，继续打造陇东学院、庆阳职业技术学院两个数字经济人才培养基地，为实施"东数西算"工程、发展数字经济提供坚实的人才保障。

二是提高数字经济类人才待遇。为全面落实国家战略，加快甘肃枢纽庆阳数据中心集群建设，衔接承接省级层面支持保障政策措施，根据《庆阳市建设全国一体化算力网络国家枢纽节点（甘肃·庆阳）暨"东数西算"工程要素保障方案》[109]制定实施"陇原人才服务卡"制度，对创办大数据企业或直接引进大数据企业、科研机构工作的高层次急需紧缺人才，以及落地庆阳的企业总部高职人才和企业高管，在落户、医疗、社保、子女入学、配偶就业、职称评聘等方面提供相应的扶持政策，并提高待遇。

三是成立数字经济发展咨询专家库。聘请国内大数据领域知名专家学者和西安、兰州等高等院校教授专家加入市政府数字经济咨询专家库，为庆阳市数字经济发展提供决策咨询等智力支持。

正是凭借着这些资源优势、区位优势和产业优势，庆阳市在建设全国一体化算力枢纽节点战略布局中脱颖而出，成为"东数西算"工程创新成果的试验田。同时，随着数据中心集群的建设，未来一些数字经济所需要的上下游产业（如软硬件企业）、一些数据处理企业必将纷纷落户庆阳，推动庆阳走上数字经济发展新赛道。据估算，2025 年庆阳数字经济产值将超过 1000 亿元，对经济发展的贡献率超过 40%。

2.2.8　宁夏枢纽[112]

1．宁夏枢纽政策解读

2022 年 2 月，国家发展改革委、中央网信办等四部委联合印发《国家发展改革委等部门关于同意宁夏回族自治区启动建设全国一体化算力网络国家枢纽节点的复函》[113]，同意在宁夏回族自治区启动建设全国一体化算力网络国家枢纽节点（简称宁夏枢纽）。四部委指出以下 4 点。

（1）宁夏枢纽要充分发挥本区域在气候、能源、环境等方面的优势，发展高可靠、高能效、低碳数据中心集群，优化东西部间互联网络和枢纽节点间直连网络，通过云网协同、多云管理等技术构建低成本的一体化算力供给体系，重点提升算力服务品质和利用效率，打造面向全国的算力保障基地。

（2）宁夏枢纽规划设立中卫数据中心集群，起步区边界为中卫工业园西部云基地。要充分发挥区域可再生能源富集的优势，积极承接东部算力需求，引导数据中心走高效、清洁、集约、循环的绿色发展道路。

（3）中卫数据中心集群应符合新型数据中心的发展要求，尽快启动起步区建设，逐步落地重点建设项目。项目建设主体原则上为数据中心相关行业骨干企业，支持发展大型、超大型数据中心，建设内容涵盖绿色低碳数据中心建设、网络服务质量提高、算力高效调度、安全保障能力提升等，落实项目规划、选址、资金等条件。

（4）中卫数据中心集群应抓紧完成起步区建设目标：数据中心平均上架率不低于65%。数据中心电能利用效率控制在1.2以下，可再生能源使用率显著提升。网络实现动态监测和数网协同，服务质量明显提升，电力等配套设施建设完善，能高质量满足"东数西算"工程业务需要。形成一批"东数西算"工程典型示范场景和应用。安全技术、措施和手段同步规划、同步建设、同步使用。

宁夏先后出台了《全国一体化算力网络国家枢纽节点宁夏枢纽建设方案》[114]、《自治区人民政府办公厅关于促进大数据产业发展应用的实施意见》[115]等多部政策文件。《全国一体化算力网络国家枢纽节点宁夏枢纽建设方案》对宁夏算力产业发展做出了规划，将宁夏算力的发展战略确定为"算力资源保障全国、信创产品示范全国、数据应用服务全国的国家级枢纽节点"，以"1357"为总体思路，引领全区数字产业集群发展、集约发展、集聚发展。其中，"1357"总体思路为：壮大1个集群，建设3个基地（国家"东数西算"工程示范基地、信息技术应用创新基地、国家级数据供应链培育基地），培育"五数体系"（数网、数纽、数链、数脑、数盾），实施7项工程（算力基础提升工程、信息网络联通工程、数据流通融合工程、网络安全防护工程、数字产业壮大工程、数字赋能升级工程、绿色能源保障工程）。《自治区人民政府办公厅关于促进大数据产业发展应用的实施意见》对促进大数据产业发展的具体制度进行了规定，并细化了各项工作的负责部门，权责清晰。为促进大数据产业集聚发展，形成规模效应，宁夏对产业园内的高新技术企业实施政策倾斜，在用地、用电、信息共享方面提供优惠服务。为了吸引更多的高新技术企业落地宁夏，政府将从资金支持和技术支持两方面入手实施。为了推动宁夏数字经济相关产业的创新，政府将从技术攻关、平台建设、技术标准制定、产业间交流等方面入手，通过奖励、补贴等形式激发企业活力。为了给数字经济产业提供良好的发展环境，政府将从基础设施建设、金融服务、人才队伍建设、政府财政支持等方面入手，为宁夏的数字经济相关产业发展提供优渥的环境。

2．宁夏大数据产业发展现状

（1）数字经济相关产业快速发展

宁夏数字经济相关产业持续快速发展，"十三五"期间，电子信息制造业及软件和信息技术服务业年均增速保持在 20% 以上。"十四五"以来，宁夏大数据产业持续发展，2021 年和 2022 年上半年宁夏数字信息产业分别实现产值 456 亿元和 310 亿元，同比分别增长 49% 和43%。宁夏在数据中心的建设方面已经全面铺开，亚马逊、电信、联通、移动、美利云等 7 个大型数据中心已建成投用，亚马逊二期、爱特云翔、广电等大型数据中心正在加快建设。数字经济产业的发展为宁夏提供了多种多样的就业岗位，直接带动就业 3500 人以上，极大地缓解了宁夏的就业问题。同时，宁夏数字经济的发展吸引了大量的高科技人才来到宁夏参与自治区建设，为宁夏培养了大量的高素质人才。在数字经济的绿色发展方面，宁夏大型数据中心电能利用效率（PUE）值达到 1.2 左右，能效水平稳居全国前列，用户涵盖 4000 余家企事业单位，其中，中国移动（宁夏中卫）数据中心获评"国家新型数据中心典型案例"和"2021 年度国家绿色数据中心"。2021 年，宁夏数据中心产业发展总指数位居全国第九位、西部地区第一位。

（2）宁夏产学兼修推进算力建设

宁夏顺应"东数西算"工程的发展潮流，依托全国一体化算力网络国家枢纽节点宁夏枢纽和国家（中卫）新型互联网交换中心建设，大力提升综合算力水平，带动当地算力相关产业的发展，进一步带动数字经济的发展，同时为全国一体化算力网络提供宁夏智慧。截至2022 年，宁夏已修建光缆线路总长度达 26.9 万千米，开通至北京、上海、广州、成都等 10 个国内重要城市的长途传输链路，互联网出口总带宽达 12.4Tbit/s，应用基础设施初步具备全网 IPv6 支持服务能力；累计建设开通 5G 基站 8904 个，实现主城区、工业园区 5G 信号全覆盖。中卫西部云基地服务器装机能力超过 67 万台，浮点计算能力超过每秒亿亿次水平。

自治区不仅大力推动算力建设，还鼓励算力相关创新，在宁夏建成国家级工程技术研究中心2家，培育国家高新技术企业47家。宁夏电子信息现代产业学院、自治区工业新经济创新联合体相继成立，OpenDao等开源开发平台建成运营，覆盖大数据产业重点领域的产学研用创新体系基本形成。

（3）大数据产业推动传统行业改造升级

宁夏数字经济的飞速发展对社会经济各个方面都产生了深远的影响，依托数字经济的技术特点，宁夏的农业、工业、服务业以及公共服务等传统领域都进行了大数据改造、升级，大数据愈发成为传统产业接续发展的新引擎。农业方面，大数据赋能农业产业化稳步推进，实施5个重点产业农业物联网示范工程，15个县（区）被确定为国家电子商务进农村综合示范县。工业方面，大数据赋能先进制造业深入推进，在全国率先实现规模以上企业智能制造诊断评估全覆盖，建成工业互联网平台40余个，启动大数据产业试点示范项目47个。服务业方面，大数据赋能服务业转型步伐加快，中国（银川）跨境电子商务综合试验区成功落地，启动"宁夏智慧文旅公共服务平台建设项目"。公共服务方面，大数据赋能社会治理成效明显，率先建成省级统一政务云平台，全区统一的人口库、法人库、空间地理库、宏观经济数据库基本成形，成功获批创建国家"互联网+医疗健康""互联网+教育""互联网+城乡供水"以及"数字供销"示范区。

3．宁夏数字经济发展面临的机遇与挑战

（1）宏观环境分析

① 经济因素

自2023年以来，我国经济持续复苏。2023年春节假期，全国铁路、公路、水路、民航共发送旅客约2.26亿人次，实现国内旅游收入3758.43亿元，同比增长30%；全国消费相关行业销售收入与2022年春节假期相比增长12.2%；电影票房达到67.58亿元，位居我国影史春节档票房第二。展望未来，我国经济长期向好的势头没有变。

宁夏近年来生产总值持续增长（如图2.4所示）。2012年，宁夏生产总值为2131亿元，经过10年的不间断发展，2022年，宁夏生产总值达到了5069.57亿元。值得关注的是，自

2020 年以来，宁夏克服疫情带来的影响，实现了生产总值的持续增长。

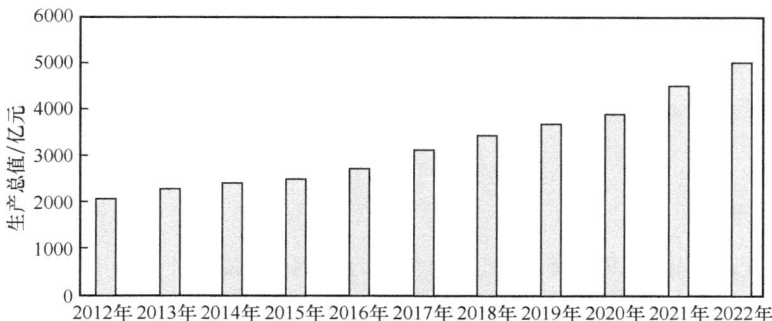

图 2.4　2012—2022 年宁夏回族自治区生产总值统计

宁夏大数据相关产业持续快速增长。2021 年和 2022 年上半年宁夏数字信息产业同比分别增长 49% 和 43%，证明了宁夏的数字经济是具有活力的。在产业发展结构方面，宁夏数字经济采用集群、集约发展模式，通过全国一体化算力网络国家枢纽节点宁夏枢纽、中卫数据中心集群的建设，在园区内形成规模效应，引入外来优质企业、培育本土优秀企业，建设适应数字经济发展的平台，培养优秀的管理人才，促进行业间的友好交流。

"一带一路"国家顶层合作倡议的提出和"中阿博览会"带动了宁夏进一步对外开放，与亚洲其他国家的经贸往来成果显著。以宁夏与阿拉伯国家经贸往来为例。宁夏对阿拉伯国家的贸易规模不断扩大，2021 年宁夏对阿拉伯地区国家贸易总额为 5.7 亿元，同比增长 53.4%，主要出口商品有橡胶轮胎、电极糊、蛋氨酸、抗生素、照明灯具等。同时，宁夏与阿拉伯国家投资往来稳步推进，截至 2022 年 11 月，阿拉伯国家累计在宁夏投资设立外商投资企业 10 家，实际到位资金 1391 万美元，涉及餐饮住宿、乳制品加工、百货批发等领域；宁夏在埃及、毛里塔尼亚、约旦、阿联酋、沙特阿拉伯、阿曼 6 个国家投资设立了 23 家境外投资企业，总投资额为 4.35 亿美元，主要涉及农牧业、采矿业、纺织业、进出口贸易、电子商务、物流仓储服务、餐饮服务管理、境外工程等领域。

② 社会文化因素

宁夏是我国五大少数民族自治区之一，具有多民族聚居的特点，发展数字经济相关产业机遇与挑战并存。宁夏各级政府部门的高度重视和业内头部机构、重大行业应用项目的相继落地，坚定了社会各方参与大数据产业发展的信心，"西部数谷"算力产业大会、银川智慧城市峰会和"云天大会"已经成为我国大数据产业合作和技术交流的重要品牌。同时，宁夏也是我国与中东阿拉伯国家、中亚国家、北亚蒙古国以及俄罗斯等国家交流的前沿阵地，"一带一路"国家级顶层合作倡议的推出和"中阿博览会"的召开等为宁夏提供了广阔的发展空间。

③ 技术因素

我国互联网用户规模庞大，截至 2021 年 12 月，网民规模达到 10.32 亿，互联网普及率达到 73%。此外，我国拥有大批数字企业，能为服务贸易数字化和模式创新提供支撑。充分利用海量数据资源和丰富的应用场景优势，发掘和释放数据要素价值，激活数据要素潜能，促进数字技术和实体经济深度融合，赋能传统产业转型升级，催生新产业、新业态、新模式，不断做强、做优、做大我国数字经济，有利于抓住先机，抢占未来发展制高点，构筑国家竞争新优势。

截至 2022 年，宁夏已经铺设了 26.9 万千米的光缆线路，链接到了北京、上海、广州、成都等 10 个国内重要城市，总带宽达 12.4Tbit/s，具备全网 IPv6 支持服务能力，充分体现了宁夏算力节点的灾备中心的特征，算力资源保障全国、数据应用服务全国。在技术创新方面，宁夏目前已经建成 2 家国家级工程技术研究中心，培育 47 家国家高新技术企业，宁夏电子信息现代产业学院、宁夏回族自治区工业新经济创新联合体相继成立，OpenDao 等开源开发平台建成运营，通过企业、研究中心、高校、科研院所、职业院校交流合作，共同创新。宁夏重视产业园和平台建设，累计建设开通 5G 基站 8904 个，实现主城区、工业园区 5G 信号全覆盖；中卫西部云基地服务器装机能力超过 67 万台，浮点计算能力超过亿亿次每秒水平；宁夏建立大数据产业的发展平台，培养专业型人才，促进跨行业之间的交流。

④ 环境因素

宁夏干旱少雨的自然气候既可以有效确保数据中心电子元器件长期可靠运行，又可以通过大规模部署无空调风冷机房进一步降低综合能耗，同时超过本地电网用量的新能源装机规模为大数据产业高速发展构建了稳定充裕的绿色能源保障。《全国一体化算力网络国家枢纽节点宁夏枢纽建设方案》指出，截至 2023 年，宁夏新建数据中心 PUE≤1.2，可再生能源使用率达到 45%。

⑤ 法律因素

目前，我国数字经济的监管面临诸多困难。我国于 2021 年 1 月 1 日实施的《中华人民共和国民法典》将数据、网络虚拟财产纳入民事权利客体范围。2021 年 9 月 1 日，我国又实施了《中华人民共和国数据安全法》，为数据安全保驾护航，助力数字经济的长足发展。除此之外，《中华人民共和国经济法》也能相应地为数字经济的发展提供相对稳定的商业环境。

（2）宁夏算力发展的 SWOT 分析

① 优势分析

宁夏拥有全国一体化算力网络国家枢纽节点和国家新型互联网交换中心，两大国家级职能可有效支撑承接全国后台加工、离线分析、存储备份等非实时性算力需求，大幅降低本地企业上云用数成本，为大数据相关产业发展和应用场景创新注入新活力。

宁夏处于我国国土的中间地带，宁夏的全国一体化算力网络国家枢纽节点和国家新型互联网交换中心能够更好地辐射全国、服务全国。目前宁夏已经开通了到北京、上海、广州、成都等重点城市的光缆，并且宁夏到这些城市的距离大致相同，这意味着宁夏几乎能够为这些重点城市提供相同优质的服务。

宁夏是新亚欧大陆桥廊道和西部陆海新通道中承东启西、连南接北的战略枢纽，同样也是我国五大少数民族自治区之一，是我国与亚洲其他国家相互交流发展的战略支点。"一带一路""中阿博览会"等的推进将宁夏的战略优势进一步凸显出来，通过积极融入"丝绸之路"经济带，将宁夏的数字经济建设与国家发展长远规划结合起来，进一步深化国际国内合作，促进经济结构性改革，宁夏的数字经济发展将爆发更大的能量。

宁夏具有干旱少雨的气候条件，有利于电子元件的长期保存，这为数字经济的长久发展提供了先天优势。宁夏具有大量的清洁可再生能源，如风能、太阳能，算力节点的发展、数字经济的发展需要大量使用电力，因此宁夏节点绿色发展的后发优势很突出。

② 劣势分析

宁夏核心竞争优势不强。作为综合算力体系的重要组成部分，宁夏的总体存储容量和浮点运算能力均低于全国平均水平，产业整体创新能力和转化能力薄弱，缺乏具备生态构建能力的骨干领军平台企业，产业集群化发展仍处于初级阶段。

本地有效需求不足，现有产业上云用数程度不高。现有企业和各级政府数据规模偏小且开放不足，来自区内企事业单位和现有经济活动的应用场景和应用需求少，无法为产业发展提供高质量的基础数据资源。

要素禀赋优势不足。传统高耗能支柱产业与大数据产业争夺能耗指标的情况削弱了大数据产业的能源成本和绿色发展优势。

大数据领域的高端复合型人才、应用领域创业者以及数据清洗、平台维护等实操型人才严重不足。经济发展基础薄弱、人才缺失，与其他节点对比无竞争优势。

③ 机会分析

国家战略红利明显。作为"一带一路"倡议的重要战略支点，宁夏承担的一系列国家级职能为推动大数据产业跨越式发展构建了先行先试的制度优势，全面推进"东数西算"工程将进一步放大宁夏大数据产业绿色发展的后发优势。

④ 威胁分析

宁夏周边竞争压力明显。受发展基础、交通区位、生活配套等因素影响，宁夏在大数据各类外部资源导入方面面临着与周边地区的激烈竞争，错位发展难度不断加大，进一步加剧了区域产业在竞争中的不利局面。SWOT 分析见表 2.1。

表 2.1　SWOT 分析

分类	优势（S）	劣势（W）
内部	1. 双中心职能 2. 地理位置优势 3. 国际合作优势 4. 气候条件优势	1. 核心竞争力不强 2. 有效需求不足 3. 要素禀赋不足 4. 人才稀缺 5. 经济发展基础薄弱
外部	**机会（O）**	**威胁（T）**
	国家战略发展机会	周边竞争压力大

2.3 全国算力网络枢纽建设面临的挑战

2.3.1 全国算力网络枢纽建设存在的问题

"东数西算"工程在实施过程中取得了丰硕成果，同时也暴露出一些问题。

在供需端，算力能力建设与算力需求对接的矛盾依然突出。东西部节点间联系薄弱，算力跨域流动的条件尚不成熟。一方面，东西部高速直连网络尚未搭建，节点之间的网络传输能力差、时延高、带宽小、资费高，难以支撑大量数据的低时延传输需求，从市场成本考虑，企业需求不敢轻易向西迁移。另一方面，算力网建设需要更多地区加入。目前分布在东西部的 8 个节点之间缺少过渡性的合作桥梁，无论是基础设施条件，还是数字化素养等方面，都差距过大，短期内难以统一步调。同时，东部算力需求中只有部分中高时延任务可以转移到西部节点，中低时延任务仍无法外迁。

在能源端，数据中心清洁能源供电难以落地。建设"源网荷储一体化"供电系统是实现数据中心低碳发展的重要举措，目前已有多地开展相关探索，但在建设过程中受到电网运行机制的限制，源荷难以对接，需要国家、地方政府给予绿电直供、降低综合供电成本等政策支持。而对于接入电网的数据中心来说，既不能选择也无法鉴别电网输送来的电力是煤电还是风电，导致清洁能源使用率难以评估。

在技术端，一些瓶颈亟待突破。一方面，算力基础设施距全面实现自主可控仍有较大差距。作为数字时代的重要基础设施，数据中心安全关系到国家安全，软硬件和操作系统必须全部推行国产化。尽管我国服务器自主可控已基本实现，但在关键的芯片、算法、应用系统等环节对国外产品依赖度较高，需要加大研发力度。另一方面，算力调度是实现"东数西算"工程的关键一环，而目前国内跨域算力调度、异构算力调度、算网联合调度等技术尚不成熟，算力调度应用试验进展缓慢。

在机制端，一些空白亟待填补。一方面，东部节点缺乏统筹机制。一些选址区域跨省级行政区划的节点内部尚未就"东数西算"工程建立实质性的跨域沟通机制，算力网的建设运营主体不明确。另一方面，东西部之间缺乏利益协调机制。对于西部节点来说，租赁机房的云服务商和需要算力资源的互联网头部企业几乎都注册在东部地区，消耗算力资源产生的利润随之流向东部，西部节点城市只能从数据中心企业的收益中直接或者间接受益。为保障西部节点利益，国家需要在税收共享等方面进行机制创新。

2.3.2 西部地区数字产业基础较弱

对贵州、甘肃和宁夏等西部地区算力枢纽的调研分析表明，这些地区在推动数字产业发展过程中面临着多个方面的严峻挑战。这些挑战包括基础设施与创新不足、投资与竞争力不足、成本与效益的困境、产业潜力与竞争压力，以及人才匮乏等，均对西部数字经济的长远发展造成了严重制约。

首先，基础设施与创新能力的不足是西部地区数字产业发展面临的核心问题之一。中国新型基础设施的整体基尼系数较高，分区域看，新型基础设施建设区域内不均衡问题较为突出的是东西部地区，其次是中部地区，最后是东北部地区。尽管西部地区在政策支持和自然资源方面具备一定的优势，但这些优势尚未能有效转化为数字产业的强劲发展动力。网络布局的不均衡以及信息化基础的薄弱，限制了西部数据中心和相关数字产业的扩展能力。尤其是在偏远地区，网络设施的不完善导致数据传输效率低下，运营成本增加，也阻碍了区域间的协同发展。此外，跨部门协作不畅的问题进一步加剧了资源整合和信息共享的难度，导致各部门间无法形成有效的合作机制，制约了数字产业的整体发展。这些问题反映出西部地区在基础设施建设方面的短板，直接影响了数字产业的运行效率和市场竞争力。创新能力的不足也是西部地区数字产业发展的瓶颈之一。尽管部分地区已开始引入先进技术和新兴企业，但整体上，西部地区的创新能力仍处于较低水平。人才匮乏问题进一步加剧了西部数字产业发展的困境。高端复合型人才的短缺成为西部地区数字产业发展的主要制约因素之一。西部地区难以吸引和留住具备数字化能力的高端人才，导致创新型企业的数量较少，技术研发能力薄弱，影响了产业链上下游的协同发展。人才的缺乏不仅影响了技术创新和企业的竞争力，也限制了区域整体的数字经济发展。

投资与市场竞争力的不足也是西部数字产业发展面临的重要挑战。西部数据中心的建设严重依赖于大型运营商和互联网巨头。这些企业虽然拥有强大的资金和技术能力，能够迅速推动数据中心的建设和运营，但这种依赖性也带来了显著的隐忧。由于功能同质化问题严重，西部的数据中心普遍缺乏独特的市场定位，难以形成差异化竞争优势。在市场竞争中，这种同质化现象使西部数据中心在面对东部地区的成熟市场时处于劣势地位，难以吸引更多的企业和用户。此外，由于本地企业和政府的投资能力相对有限，西部地区在数字产业的投入上也显得力不从心，这进一步加剧了市场竞争的劣势。

在成本与效益方面，西部地区的数字产业也面临着巨大的挑战。尽管西部地区的电力成本相对较低，理论上可以为数据中心的运营提供一定的成本优势，但网络费用的差异却可能增加数据传输的整体成本，削弱了这一优势。由于网络布局的不均衡，部分地区的网费较高，导致整体运营成本上升。此外，西部地区的数据中心多以服务外部企业为主，尽管这些中心能够创造可观的经济效益，但多数收益却流向了外部企业，本地的经济获益有限。这使得地方政府和本地企业难以从数据中心的高速发展中获得实质性的经济回报，无法形成有效的产业发展循环。

最后，西部地区的产业潜力与竞争压力也是数字产业发展中不可忽视的因素。虽然西部地区的数字经济尚处于起步阶段，规模较小，但其未来发展潜力依然巨大。然而，这一潜力面临着来自东部发达地区和周边西部地区的激烈竞争。西部地区不仅需要与周边地区争夺有限的资源，还要面对东部地区在技术、资本和市场上的全面压制。此外，传统产业与数字产业在资源分配上的竞争也加剧了这一问题。

综上，西部地区在发展数字产业的过程中面临着基础设施和创新能力不足、投资与市场竞争力弱、成本与效益不均衡、产业潜力与竞争压力，以及人才匮乏等多重挑战。要克服这些挑战，西部地区需要在政策支持、基础设施建设、人才培养、创新驱动等方面加大力度，多方协同努力，才能推动数字产业的高质量发展，逐步缩小与东部发达地区的差距，实现区域经济的可持续增长。

2.3.3 算力赋能制造业数字化转型的一些问题

算力枢纽节点依托数据中心体系承载先进数字技术，提供澎湃的算力，并利用算力整合、算网融合等方式统筹算力资源，利用算力感知、算力编排等方式协同算网调度，利用算力交易、算力服务等方式强化算网运营，通过构建算力网络产业应用流程赋能制造业数字化转型。在此过程中主要面临以下 3 个方面的挑战。

1. 算力赋能制造业数字化转型过程中，算力业务保障不足

算力资源可按资源节点算力种类的多样性分成基础算力、智能算力和超算算力 3 种，算力枢纽节点以集群化模式部署算力资源，可以为制造业的数字化转型提供基础、智能、超算等各类算力产品。在此过程中，需要在业务层面上保证算力的供需匹配和精准对接，否则就会造成枢纽内算力基础设施的算力闲置和浪费。现阶段尽管有研究提出了一种基于算力标识的算力服务需求匹配方案，但面向制造业实现多层级的算力业务需求供需匹配，形成灵活、高效、可持续的长效动力机制，仍然是有待探究的重要研究方向。一方面，制造业各个生产区域各不相同，进而导致出现多个相互独立且覆盖不同生产区域的业务网络。为了避免各部分设备之间出现混用的情况，需要对业务平台进行统一规划，实现分区管理、分区连接。因此，在进行算力需求匹配任务时，不仅要考虑为所有关键业务的核心设备及链路提供精准可靠的算力产品，也要为数据传输、容灾、备份、安全可靠等其他方面的业务提供相应需求的算力服务。另一方面，在制造业中数据的获取依赖于生产过程，数据无法取代关键生产技术，只能以畅通信息流、提高决策效率等方式降低生产成本。相比于服务业和流通业对高黏性用户海量数据的抢占所产生的颠覆式效果，数据对制造业生产运营和优势竞争的影响程度相对不明显。因此，在智能调度各类算力、解决计算资源不足的同时，更要注重对算力需求匹配的高效满足，使算力资源的分配达到最优。

2. 算力赋能制造业数字化转型过程中，算力应用场景待优化

作为全国一体化算力网络的关键节点，算力枢纽要求数据在进行跨节点存储流通时网络时延很低。但若具体到某个行业的数智化生产场景，则其对云边端算力节点协同的要求更高。在智能化生产、网络化协同、个性化定制、服务化转型 4 类制造业应用场景模式中，其涵盖了生产方式、产品模式、特定场景、服务模式等智能产品价值链的全过程。针对复杂的制造业务场景应用，算力枢纽需要与 AI 厂商、云厂商等展开多方合作，实现对制造业数字

化的算力赋能。目前已有研究就算力网络在工业视觉检测场景上的落地应用进行了阐述，按照售前、售中、售后、应用 4 个阶段，给出了一体化安全工业视觉检测实施方案。该方案利用算网大脑的算力封装、算网感知、算力解耦、算力调度等能力，通过视频采集、实时传输、分析识别、判断预警实现工业企业对安全生产的需求，提升在生产过程中的安全监管水平。但需要注意的是，算力枢纽在赋能制造业数字化转型的过程中，一方面通过与各厂商的合作以算力网络体系为支撑构建算力大脑，加强算力感知、算力编排、算力调度等能力；另一方面要结合大量的行业服务经验，根据算力供给方、需求方、运营方的实际意见，不断优化落地应用方案，探索更多能够推广商用的算力应用场景，而针对以上问题的解决方案还有待进一步的研究。

3．算力赋能制造业数字化转型过程中，算力交易机制不清

算力枢纽节点赋能制造业数字化转型离不开算力交易平台的支持，其间需要经过算力的需求匹配、价值评估、价格确定、交易撮合、交易结算等活动。在此过程中，制造业作为算力需求方，应根据实际业务应用场景寻找性价比最高的算力；算力枢纽节点作为算力供应方，应追求实现算力变现价值的最大化；算力交易平台应该在尽可能多地提供算力的同时降低算力的使用价格，从而满足供需双方对算力服务的要求。在云市场中，3 个基本定价策略以及相应的各类云定价模型组合产生了复杂且丰富的云定价方案，从而帮助云服务提供商和云客户做出关键决策，以获得竞争优势或有效管理云资源。而算力要像水电一样实现"一点接入、随取随用"的服务模式，则需要解决算力定价、交易规则、权属界定等基础性问题。其中，算力度量不仅是探讨算力定价问题的前提条件，也在算力网络业务感知和资源调度中发挥着重要作用，但该领域目前还缺乏相当数量的研究和总结。另外，要实现交易主体身份可信、交易双方协议可信、交易订单可信、交易账单可信、交易分成可信的贯穿算力交易全过程的可信保障体系，还需要深入研究。

第 3 章

"东数西算" 工程背景下数据中心
碳减排效益分析

在数字化时代背景下，数据中心作为信息技术发展的重要支柱，对推动经济社会的数字化转型具有不可替代的作用。然而，数据中心的快速增长也带来了能耗激增和碳排放问题，这对实现全球可持续发展目标构成了严峻挑战。本章旨在探讨"东数西算"背景下数据中心的碳减排效益，分析如何通过优化数据中心布局和提高能源使用效率，促进数据中心行业的可持续发展。

3.1 数据中心的绿色发展

当前，5G、云计算、人工智能等新一代信息技术迅猛发展，不断与传统产业加速融合，赋能千行百业蓬勃发展，数据中心作为行业信息系统高效运行的载体，是支撑经济社会高效运行的关键基础设施，对数字经济的赋能和驱动起着重要作用。目前各地数据中心发展仍旧面临严峻的资源和环境挑战，传统"老旧小散"数据中心的高耗能问题突出、可再生能源供应能力相对较弱的问题依然存在。随着经济社会发展全面绿色转型的深入推进，加快数据中心绿色发展建设，有效降低数据中心能耗与二氧化碳排放量，提升整体运行能效，实现数据中心低碳转型发展，已成为保障资源环境可持续的基本要求。

3.1.1 数据中心与算力的发展

2022 年 2 月 17 日，国家发展改革委等多部委联合印发通知，同意启动建设京津冀等 8 个国家算力枢纽节点，并规划了 10 个国家数据中心集群，正式拉开了"东数西算"工程全面建设的序幕，至此，全国一体化大数据中心体系的总体设计和布局完成。作为承载算力的基础设施，数据中心近年来如雨后春笋般在全国各地涌现。图 3.1 展示了 2017—2022 年我国数据中心的机架规模及其变化，从中可以看出，近 6 年来数据中心机架规模年增速基本维持在 30% 左右，算力发展水平逐步提升。

从数据中心的布局来看，当前我国的数据中心主要集中在长三角、粤港澳大湾区和京津冀等比较发达的地区，算力需求也集中在这些地区。截至 2021 年年底，北京及周边、上海及周边的数据中心机架数量分列全国第一、第二，但是受到土地资源、能耗指标等因素的制约，这些地区的数据中心无法满足日益增长的算力需求。而西部地区对算力、存储能力的需求较小，数据中心的布局较为分散，且整体利用率偏低[116]，出现了算力资源过剩的情况。这就造成了当前数据中心算力资源在地理位置上的分布不均衡的局面，同时也使数据中心对发展数字经济的实际价值未完全体现。

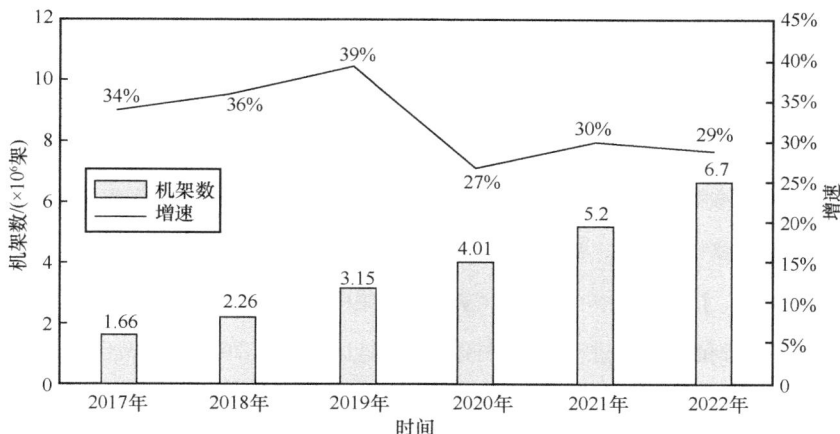

图 3.1　2017—2022 年我国数据中心机架规模与变化

3.1.2　算力发展的能耗问题

　　数据中心规模高速扩张的同时，各类能源消耗量急速增长。由于我国电力的主要来源为火电，火力发电占比约为 70%左右，巨量的电能消耗造成大量的二氧化碳排放。2021 年我国数据中心耗电量已经超过了 2000 亿千瓦时，占到全社会用电量的 2.6%；二氧化碳排放量约为 1.35 亿吨，占全国二氧化碳排放量的 1.14%左右。按当前算力发展估计，我国的数据中心在 2025 年将消耗 3500 亿千瓦时的电力，占全国用电量的 4%；产生的二氧化碳排放量达 2.1 亿吨，占全国碳排放量的约 2%[117]。数据中心的高耗能属性不仅给电力、土地以及水资源的安全稳定供应带来了严峻挑战，也带来了巨大的减排压力。此外，数据中心电子设备更新速度快，产生的电子废弃物对环境造成了严重影响。随着用电成本以及二氧化碳排放成本的不断增加，降低用能成本已成为数据中心相关企业和机构提升市场竞争力的重要途径。作为重点高耗能行业，数据中心行业亟须进行低碳转型。国家层面已经将数据中心与钢铁、电解铝、水泥等八大传统高耗能、高污染行业一同纳入重点推进节能降碳的领域[61]。2021年，国家发展改革委等部门印发《关于严格能效约束推动重点领域节能降碳的若干意见》，对数据中心的绿色发展提出了新的要求。

　　我国算力供应"东部紧缺、西部过剩"的资源错配问题十分突出，目前成熟的数据中心主要集中在东部地区，而算力富集区则主要集中在西部资源充沛区域[118]。这就导致东部数据中心对电力、土地以及水资源依赖性过高引发的资源紧张与西部可再生能源无处消纳引发的资源浪费并存。要实现全国算力一盘棋，就必须依靠"东数西算"工程，优化数据中心资源配置，真正缓解数据中心布局结构性失衡现象，提升全局资源配置效率。"东数西算"工程通过在京津冀、长三角、粤港澳大湾区、成渝、内蒙古、贵州、甘肃、宁夏8个地区建设算力枢纽节点，打造数据中心集群，把算力资源集中化、规模化；把东部地区待处理的计算任务合理分配到西部地区进行处理，打通东西部地区算力资源的通道，做到算力资源的共享、流通。

"东数西算"工程可有效提高我国算力资源的利用率。相较于东部地区，西部地区的数据中心凭借着自然资源禀赋在节能减排上具有很大的潜力。一方面是西部地区有丰富的可再生能源。可再生能源作为能源转型的核心，具有高效、清洁、低碳、环保等特点。从"东数西算"工程的4个西部算力节点来看，贵州地区有丰富的水电资源，其他3个地区则有丰富的风电资源。将这些资源充分应用在数据中心，既能降低能耗与碳排放量，又能对西部地区清洁能源产业的发展起到激励作用。另一方面是西部地区有良好的气候条件。西部地区的气候较为凉爽，平均温度较低，数据中心在很多时间仅依靠自然冷风便能起到降温的效果，减少了制冷设备的能耗，起到节能降碳的作用[116]。

与此同时，我国还存在大量传统"老旧小散"数据中心，它们是当前数据中心布局的重要组成部分，但是由于早期设计缺陷、设备老化以及缺乏维护等原因，与新建大型及以上的数据中心能耗指标要求（PUE<1.3）相比，这些数据中心存在严重的算力、算效不足以及能源利用效率偏低等问题[119]，制约了数据中心的统筹发展。推动传统的"老旧小散"数据中心向高算力、高能效方向转型，与新建数据中心建立协同共享机制，也是我国数据中心绿色发展的迫切需求。

3.1.3 数据中心工作负载转移的减排效益[116]

数据中心的工作负载在时空上具有灵活性。在空间维度上，数据中心的工作任务可以通过光纤网络从一个数据中心转移到另一个数据中心进行处理。在时间维度上，数据中心需要处理的工作负载具有较大的随机性和不确定性，但是只要在该工作任务的截止日期之前完成即可，除去那些时效性要求较高的工作任务，其他非实时性任务可以适当地进行延迟处理。在"东数西算"工程中，时效性要求较高的工作任务主要安排在当地数据中心进行处理，而那些对时效性要求不高的工作任务，则可以通过光纤网络转移到西部地区的数据中心进行处理。

由于高计算请求，数据中心每天都在消耗着巨大的能量，同时也造成了大量的碳排放，节能减排成为制约数据中心发展的主要障碍之一。学者们经过研究发现，可以利用数据中心在工作负载上的灵活性这一特点，通过负载转移来降低能耗与碳排放量。Sajid 等人[120]基于数据中心的地理分布对能耗成本优化问题进行了研究，并提出了一种基于区块链的分散式工作负载分布和管理模型；通过引入基于区块链的安全工作负载调度方法，考虑了电价和工作负载到达过程的时空差异，提出了地理分布式数据中心能源成本优化问题的基本方法。Guo 等人[121]提出数据中心具有空间转移能源消耗的能力，可以通过将数据中心的工作负载转移至低电价地区来降低能耗成本。Ammari 等人[122]认为数据中心负载转移过程可以通过使用萤火虫算法来实现，在保证服务可靠性的前提下进行调度。

上述学者都证明了数据中心的工作负载转移是可行的，但是他们只关注了负载转移在能耗成本上的效益，部分学者的研究更深一步，对数据中心的负载转移在节能减排上的潜力进行了挖掘，提出数据中心的负载转移可以与可再生能源相结合，达到节能减排的目的。可再生能源的生成受到光照、风力等因素的影响，因此具有不稳定性，同时数据中心因需要持续的能源供给，故而可再生能源无法直接应用在数据中心。Kwon[123]提出将可再生能源与数据中心的储能系统相结合，在保证服务质量的前提下降低了数据中心的电网用电。Peng 等人[124]通过将数据中心的电力来源在电网能源、UPS 系统和可再生能源之间进行切换，将数据中心峰值负载时期的工作转移至可再生能源产出时期进行处理，降低了数据中心的碳排放量。Goiri 等人[125]构建了名为 GreenSlot 的工作调度器，通过预测不久后可再生能源的产出量来进行工作负载的调度，提高清洁能源的使用率。

随着地理分布式数据中心的出现，学者们的目光逐渐投向了处在不同地理位置的数据中心之间的负载转移。Bird 等人[126]对分布式数据中心的应用进行了分析，认为可以构建一个小型的数据中心网络，将多个数据中心纳入其中，根据各地可再生能源的产出情况来进行工作负载的转移。Thimmel 等人[127]也提出，由于可再生能源具有间歇性特性且不宜进行转移，每年的弃风弃光量极大，因此可以把数据中心作为媒介，通过转移工作负载来提高可再生能源的利用率，同时对于数据中心来说也能起到节能降碳的作用。Niu 等人[128]对工作任务的负载情况进行了分析预测，通过负载转移将工作负载与可再生能源在时间上进行匹配，优化了调度过程带来的效益。Zheng 等人[129]分析了数据中心的负载迁移在可再生能源利用和温室气体排放方面的潜力，通过模拟数据中心的工作负载从化石能源利用率高的 PJM 地区转移到可再生能源利用率高的 CAISO 地区，认为数据中心在减少碳排放量方面具有很大的潜力。

数据中心在地理位置之间的负载转移，不仅可以通过应用可再生能源来达到降低能耗与碳排放量的目的，气候条件也是一项很重要的影响因素。数据中心的核心设备——服务器在运行时会产生大量的热量，温度过高时会影响其自身的性能，因此需要采取对应的降温措施。当前大多数数据中心采用的是空调制冷的方式，而空调等制冷设备又是高能耗设备，据分析，数据中心的用电占比中，制冷设备最高可达 30%，仅次于服务器的功耗。虽然目前已有许多诸如液冷等低能耗降温措施，但是这些技术因自身条件的限制未得到广泛使用，制冷设备的高能耗依旧是影响数据中心发展的一个重要问题。将数据中心的工作负载转移至气候凉爽、温度低的地区，在一定的时间内可以通过自然冷却来给服务器降温，有效地降低空调等制冷系统的能耗。Deymi-Dashtebayaz 等人[130]对伊朗的 10 个不同气候条件下的城市里的数据中心进行了研究，证明了相同配置下数据中心的能耗会因为气候条件的不同而不同。Cho 等人[131]认为处于气候凉爽地区的数据中心具有节能潜力，可以使用自由冷却技术来充分利用自然风等因素降低数据中心的能耗。Liu 等人[132]认为处于不同气候条件下的数据中心的节能潜力不同，并通过改变自由冷却技术的参数得到了数据中心的最大节能效益。

上述研究说明，数据中心可以通过将工作负载转移至气候适宜的地区，充分利用自然冷源或提高清洁能源的利用率，降低制冷设备的能耗，从而达到减少数据中心的总体能耗与碳排放量的目的。在"东数西算"工程背景下，数据中心的负载转移由可再生能源利用率较低的东部数据中心转移到可再生能源利用率较高的西部数据中心，由不宜使用自然冷源的地区转移至适宜使用自然冷源的地区。关于清洁能源的应用，大多数学者考虑的是将清洁能源与工作负载在时间上进行匹配，为了应对可再生能源产生的间歇性特点，将工作负载转移到可再生能源产出的时间段上，提高可再生能源的利用率。关于自然冷源的应用，现有研究也都集中在同一地区在使用自然冷源前后的能耗变化，并未对不同地区的数据中心使用自然冷源前后的能耗变化进行研究。

目前鲜有研究将清洁能源和自然冷源相结合进行分析，因此无法直接应用在"东数西算"工程背景之下。可进一步将两个因素相结合，并考虑工作负载传输过程中新建传输管道的额外碳排放量，使用碳排放因子法对"东数西算"工程中负载转移过程的碳排放效益进行分析，并以"东数西算"工程的八大算力枢纽节点为研究对象进行算例分析，通过分析结果为我国新型算力网络体系构建提供发展建议。

3.2　数据中心碳排放量核算方法

当前国际上关于碳排放量的核算方法并未形成一致的意见，应用比较广泛的方法主要有实测法、物料平衡法和排放因子法等。本节使用周瑜等人[116]采用的排放因子法（又叫碳排放系数法）来进行数据中心碳排放量的计算，该方法是由 IPCC（政府间气候变化专门委员会）提出的[116]。

3.2.1　考虑可再生能源

东部地区与西部地区的发电结构中各发电类型的发电量占比并不相同。相较于东部地区，西部地区的发电结构中可再生能源发电量占比较高。假设东西部地区的发电结构由火力发电和可再生能源发电两者构成，仅考虑发电结构中各发电类型发电量占比的不同，相同的数据中心在处理相同的工作负载时，消耗的电力是相同的。故西部数据中心在接收来自东部数据中心的工作负载的过程中减少的碳排放量可表达为：

$$VAR_1 = E_i \times (C_f - C_r) \times (m - n) \tag{3.1}$$

其中，E_i 为数据中心处理工作负载时消耗的电力，C_f 为火力发电的碳排放因子，C_r 为可再生能源发电的碳排放因子，m 是东部地区发电结构中的火力发电占比，n 是西部地区发电结构中的火力发电占比。

3.2.2 考虑气候因素

数据中心的能耗有很大一部分来自冷却系统，冷却系统耗电量是衡量数据中心能耗利用率的一项重要因素。在西部地区，由于气候较为凉爽，服务器产生的热量有相当一部分可以通过自然冷却消散，因此冷却系统消耗的能量会相对减少，从而提高数据中心的电能使用效率（PUE 值降低），提高数据中心的电能使用效率。

以下两种方法均可用来计算冷却设备在不同地区消耗的能源，但在模型构建和算例分析时仅考虑第一个方法。

方法 1：PUE 是评价数据中心能源效率的基本和有效的指标之一，是数据中心消耗的所有能源与 IT 负载消耗的能源的比值。PUE 值越接近 1，表示一个数据中心的绿色化程度越高。PUE 值超过 1，则表示数据中心需要额外电力开销以支持 IT 负载。因此，PUE 的值越高，数据中心的整体效率越低。

数据中心电能使用效率的计算式如下：

$$PUE = \frac{E_A}{E_{IT}} \tag{3.2}$$

其中，E_A 为数据中心的总能耗，E_{IT} 为数据中心 IT 设备的能耗。

由于气候因素，东西部地区冷却系统的用电量不同，东部地区与西部地区相同规格的数据中心 PUE 值也不同。令

$$PUE_e = \frac{E_e}{E_{IT}^e} \tag{3.3}$$

$$PUE_w = \frac{E_w}{E_{IT}^w} \tag{3.4}$$

其中，PUE_e 代表东部地区数据中心的 PUE 值，PUE_w 代表西部地区数据中心的 PUE 值，E_e 代表东部地区数据中心的能耗，E_w 代表西部地区数据中心的能耗，E_{IT}^e 代表东部地区数据中

心的 IT 负载，$E_{\mathrm{IT}}^{\mathrm{w}}$ 代表西部地区数据中心的 IT 负载。

东部数据中心与西部数据中心在处理相同的工作负载时，IT 设备消耗的能源是相同的，将两式结合可得：

$$\frac{E_{\mathrm{w}}}{E_{\mathrm{e}}} = \frac{\mathrm{PUE}_{\mathrm{w}}}{\mathrm{PUE}_{\mathrm{e}}} \qquad (3.5)$$

西部地区与东部地区数据中心耗电比等于两地数据中心 PUE 之比。式（3.5）表示数据中心在东部地区处理一定的工作负载消耗能源为 E_{e} 时，将该工作负载转移至西部数据中心消耗的能源为 $\frac{\mathrm{PUE}_{\mathrm{w}}}{\mathrm{PUE}_{\mathrm{e}}} E_{\mathrm{e}}$（其中 $0 < \frac{\mathrm{PUE}_{\mathrm{w}}}{\mathrm{PUE}_{\mathrm{e}}} < 1$）。

将可再生能源的因素加入进行考虑：

$$C_{\mathrm{e}} = E_{\mathrm{e}} \times \left[m \times C_{\mathrm{f}} + (1-m) \times C_{\mathrm{r}} \right] \qquad (3.6)$$

$$C_{\mathrm{w}} = E_{\mathrm{w}} \times \left[n \times C_{\mathrm{f}} + (1-n) \times C_{\mathrm{r}} \right] \qquad (3.7)$$

得到数据中心在负载转移过程中由可再生能源和气候因素造成的碳排放量的变化量：

$$\mathrm{VAR}_2 = C_{\mathrm{e}} - C_{\mathrm{w}} = E_{\mathrm{e}} \times \left[\left(m - n\frac{\mathrm{PUE}_{\mathrm{w}}}{\mathrm{PUE}_{\mathrm{e}}} \right) \times (C_{\mathrm{f}} - C_{\mathrm{r}}) + \left(1 - \frac{\mathrm{PUE}_{\mathrm{w}}}{\mathrm{PUE}_{\mathrm{e}}} \right) \times C_{\mathrm{r}} \right] \qquad (3.8)$$

其中，C_{e} 代表东部数据造成的碳排放量，C_{w} 代表西部数据中心造成的碳排放量。

方法 2：据机构估算，按照工业平均电价每千瓦时 0.5 元来计算，数据中心所在地气温每降低 1℃，10 万台服务器的标准数据中心机房每天可节约 9.6 万元。据此可推算：数据中心所在地气温每降低 1℃，一台服务器每天可节约 0.96 元，节省电力 1.92 千瓦时。在负载转移的过程中，一台服务器在一年内因东西部地区气候温度的不同而节约的电力为：

$$\Delta E = E_{\mathrm{d}} \times (T_{\mathrm{e}} - T_{\mathrm{w}}) \qquad (3.9)$$

$$T_{\mathrm{e}} = \sum_{i=1}^{365} T_{\mathrm{e}}^{i} \qquad (3.10)$$

$$T_{\mathrm{w}} = \sum_{i=1}^{365} T_{\mathrm{w}}^{i} \qquad (3.11)$$

其中，T_{e} 表示东部数据中心在一年内每天平均温度的累加值，T_{w} 表示西部数据中心在一年内每天平均温度的累加值。

$$V_{a,b}=E_d \times N_1 \times (T_e - T_w) \times [m \times C_f \times (1-m) \times C_f] \tag{3.12}$$

其中，$V_{a,b}$ 表示服务器数量为 N_1 的数据中心 a 和 b 因温度差距而造成的碳排放量差值。

3.2.3 考虑传输过程

数据中心之间负载的转移不可避免地需要搭建光纤线路，在此过程中会造成额外的碳排放。此过程中的碳排放来源主要有两点：铺设管道和砖砌手孔。生命周期评估方法是电子工业中的一种重要的评价方法，可用于量化相关电子产品的碳排放。考虑到工作负载的传输过程，本部分主要计算相关设备制造、运输阶段造成的生命周期碳排放。

（1）制造阶段

该部分主要考虑的是搭建传输通道需要的原材料在制造过程中造成的碳排放。长距离的光纤搭建普遍使用的是地埋式，使用的管道为 PVC 工程塑料。PVC 在生产过程中主要有两方面的碳排放：一方面是在生产过程中因化学反应造成的直接碳排放，另一方面是在生产过程中消耗能源造成的间接碳排放。

东部数据中心与西部数据中心之间因使用 PVC 管道而造成的额外碳排放量为：

$$V_p = C_{PVC} \times L \tag{3.13}$$

其中，C_{PVC} 代表的是生产 1 m PVC 管道造成的碳排放量，L 是东部与西部数据中心之间的距离，单位为 m。

长途铺设管道的过程中需要搭建人（手）孔来保证管道的安全，按照规定长途管道手孔设置间隔不应超过 1 km。

建造一个砖砌手孔的碳排放量为：

$$V_h = \sum_i C_i \times M_i \tag{3.14}$$

其中，i 代表的是材料种类，C_i 代表的是各种材料的碳排放因子，M_i 代表的是各种材料的质量。故传输过程中相关材料的制造造成的额外碳排放量为：

$$CE_m = V_p + S \times V_h = C_{PVC} \times L + S \times \sum_i C_i \times M_i \tag{3.15}$$

其中，CE_m 是制造阶段的碳排放量，V_p 是生产 PVC 管道造成的碳排放量，V_h 是建造一个砖砌手孔造成的碳排放量，S 是砖砌手孔的数量。

（2）运输阶段

道路运输是相关设备的最主要运输方式，工作负载迁移需要的设备从生产地转移到施工处，运输过程则需要消耗相应的燃料能源，造成额外的碳排放。根据道路运输的碳排放系数、材料消耗量和运输距离，计算运输阶段的碳排放量，如下式所示：

$$CE_t = \sum_{j}^{n} q_j \times d_j \times f_j \tag{3.16}$$

其中，CE_t 为运输阶段的碳排放量，j 为材料类型，q_j 为 j 的量，d_j 为 j 的生产地点到基站的距离，f_j 为 j 的运输车辆的碳排放系数。

（3）传输过程的总碳排放

工作负载迁移的过程中造成的总碳排放量根据生命周期评估法计算如下：

$$VAR_3 = CE_m + CE_t \tag{3.17}$$

3.2.4　碳排放总变化值

在考虑可再生能源的使用、气候因素、传输过程 3 个因素的情况下，数据中心进行负载迁移造成的碳排放量的变化值为：

$$VAR = VAR_2 - VAR_3 \tag{3.18}$$

3.3　算例分析

3.3.1　参数设置

（1）发电结构及 PUE 值

"东数西算"工程各个节点的火力发电占比，本文采用的数据是来自国家统计局统计的 2021 年全国各个地区的发电结构数据，其中京津冀枢纽考虑的是张家口集群所处的河北省的发电结构，长三角枢纽考虑的是芜湖集群所处的安徽省的发电结构，具体信息见表 3.1。本文为方便计算，假设东部地区数据中心的 PUE 值均为 1.5，西部数据中心的 PUE 值均为 1.3。

表 3.1　2021 年各地区发电结构

节点	集群所处地区	火力发电占比	PUE
京津冀枢纽	河北省	81.69%	1.5
长三角枢纽	安徽省	92.39%	1.5
粤港澳大湾区枢纽	广东省	75.69%	1.5
内蒙古枢纽	内蒙古	63.40%	1.3
宁夏枢纽	宁夏省	79.79%	1.3
甘肃枢纽	甘肃省	57.60%	1.3
贵州枢纽	贵州省	64.52%	1.3

注：火力发电碳排放因子取 $0.81kgCO_2e/(kW·h)$，可再生能源发电碳排放因子为 $0kgCO_2e/(kW·h)$。

（2）传输通道建设

尚建选等人[133]经过计算得出 PVC 在生产过程中造成的总碳排放量为 $7.4tCO_2e/t$ PVC。PVC 塑料管道的密度为 $1.34g/cm^3$，目前常用的 PVC 管道的规格为外径 110mm，内径 100mm，通过计算可得规格为 110mm×100mm、长度为 1m 的 PVC 管道的质量为 2209g，碳排放量为 0.1635kg。故铺设长度为 1m 的 PVC 管道所消耗原材料造成的碳排放量为 0.1635kg。

砖砌手孔的材料清单见表 3.2。结合各类材料的碳排放因子，经计算可知一个规格为 90cm×120cm 的砖砌手孔的碳排放量为 678kg，在实际生活中，砖砌手孔之间的间隔不得超过 1km。本节以 1 km 为间隔计算砖砌手孔的数量。

表 3.2　砖砌手孔的材料清单（90cm×120cm）

材料名称	单位	数量	碳排放因子
水泥	千克	400	$616.6kgCO_2e/t$
砂	立方米	1.037	$2.796kgCO_2e/t$
碎石	立方米	0.555	$2.425kgCO_2e/t$
机砖	块	720	$0.4826kgCO_2e/块$
钢筋	千克	20.71	$3755kgCO_2e/t$

根据《建筑碳排放计算标准》可知，在进行建材运输阶段碳排放量计算时，混凝土的默认运输距离值应为 40km，其他建材的默认运输距离值应为 500km。各类运输方式的碳排放因子见表 3.3。

表 3.3　各类运输方式的碳排放因子

运输方式类别	碳排放因子/(kgCO$_2$e/(t·km))
轻型柴油货车运输（载重 2t）	0.286
中型柴油货车运输（载重 8t）	0.179
重型柴油货车运输（载重 10t）	0.162
重型柴油货车运输（载重 18t）	0.129
重型柴油货车运输（载重 30t）	0.078
重型柴油货车运输（载重 46t）	0.057

3.3.2　结果分析

从表 3.4 的计算结果来看，在仅考虑可再生能源的应用和气候因素的情况下，数据中心将一定量的工作负载从京津冀地区转移至内蒙古地区时，该工作负载在京津冀地区每消耗 1kW·h 的电力，在进行转移处理后就能减少 0.2166kg 的碳排放量。通过对比东部三大数据节点分别向西部四大计算节点进行负载转移的碳排放减少量可知，东部地区的数据中心向甘肃省的数据中心集群进行转移时单位降碳量最高，内蒙古地区其次，之后则是贵州和宁夏。甘肃省单位降碳量最高主要是因为该地区近年来依托于丰厚的自然条件大力发展可再生能源生产技术，在 2021 年甘肃省的发电结构中，风力发电占比达到了 16.08%，水力发电占比则为 19.05%。

表 3.4　不同转移路径下的单位减碳量

负载转移路径	VAR$_2$/(kgCO$_2$e/(kW·h))	距离/km	VAR$_3$/(kgCO$_2$e)
京津冀地区→内蒙古	0.2166	264	411180
京津冀地区→贵州	0.2088	1753	2730297.5

续表

负载转移路径	VAR₂/(kgCO₂e/(kW·h))	距离/km	VAR₃/(kgCO₂e)
京津冀地区→甘肃	0.2573	848	1320760
京津冀地区→宁夏	0.1016	914	1423555
长三角地区→内蒙古	0.3033	1164	1812930
长三角地区→贵州	0.2954	1250	1946875
长三角地区→甘肃	0.3440	1107	1724152.5
长三角地区→宁夏	0.1882	1388	2161810
粤港澳大湾区→内蒙古	0.1680	1739	2708492.5
粤港澳大湾区→贵州	0.1602	717	1116727.5
粤港澳大湾区→甘肃	0.2087	1342	2090165
粤港澳大湾区→宁夏	0.0530	1621	2524707.5

汇总以上提到的参数设置，通过计算可得数据中心在进行负载转移时所需搭建传输过程的单位碳排放量为 $1557.5kgCO_2e/km$。

为了更加明确地分析数据中心通过负载转移造成的碳排放变化量，将以上内容进行综合分析。在 Zheng 等人[134]的研究中，一个有 40000 台服务器且功率为 10MW 的数据中心在一周内的总能耗为 $2190577kW·h$。本节以如此规格的数据中心进行研究。研究结果见表 3.5，第二列表示案例数据中心在一周内减少的碳排放量，第三列则是按照传输通道使用寿命为 50 年进行计算得出的一周内的碳排放量。

表 3.5 不同负载转移路径下的碳排放量变化情况

负载转移路径	VAR₂′(kgCO₂e)	VAR₃/(kgCO₂e)	VAR/(kgCO₂e)
京津冀地区→内蒙古	474478.98	157.71	474321.27
京津冀地区→贵州	457392.48	1047.24	456345.24
京津冀地区→甘肃	563635.46	506.59	563128.87
京津冀地区→宁夏	222562.62	546.02	222016.60
长三角地区→内蒙古	664402.00	695.37	663706.63
长三角地区→贵州	647096.45	746.75	646349.70

续表

负载转移路径	VAR$_2$/(kgCO$_2$e)	VAR$_3$/(kgCO$_2$e)	VAR/(kgCO$_2$e)
长三角地区→甘肃	753558.49	661.32	752897.17
长三角地区→宁夏	412266.59	829.19	411437.40
粤港澳大湾区→内蒙古	368016.94	1038.87	366978.06
粤港澳大湾区→贵州	350930.44	428.33	350502.10
粤港澳大湾区→甘肃	457173.42	801.71	456371.71
粤港澳大湾区→宁夏	116100.58	968.38	115132.20

从上述分析结果来看，相较于因为可再生能源和气候因素而降低的碳排放量，因为搭建传输通道而增加的碳排放量是极低的，在"东数西算"工程背景下进行数据中心负载转移对于节能降碳来说起到了正向促进作用。

3.3.3 灵敏度分析

灵敏度分析是模型参数不确定性分析的一部分，它主要分析模型参数在取值范围内发生少量变化而导致模型输出结果的变化。本节以可再生能源利用率、算力承接点 PUE 值为自变量，以碳减排效益为因变量，完成负载转移过程的灵敏度分析。其他参数保持不变，具体设置如下：数据中心在处理工作负载时消耗的电力为 1kW·h，东部地区火力发电占比为 85%，火力发电碳排放因子为 0.81kgCO$_2$e/(kW·h)，可再生能源碳排放因子为 0，东部地区数据中心 PUE 值为 1.5。

西部地区 PUE 值对于碳减排效益来说有重要影响。西部地区凭借着凉爽的天气可降低制冷系统的用电量，从而降低数据中心的 PUE 值，并同时减少碳排放量。在保持其他参数不变的条件下，分析西部地区的数据中心 PUE 值对碳减排效益的影响，结果如图 3.2 所示。

由图 3.2 可知，西部地区数据中心 PUE 值与碳减排效益成反比关系，PUE 值每降低 10%，碳减排效益就能提升 3.24%，PUE 值最低为 1，此时的碳减排效益为 0.365kgCO$_2$e/(kW·h)。

可再生能源的比例对于碳减排效益来说有着重要影响。西部地区数据中心对可再生能源的消纳程度更大，意味着减少的碳排放量越多。在保持其他条件不变的条件下，分析西部地区可再生能源的比例对碳减排效益的影响，结果如图 3.3 所示。

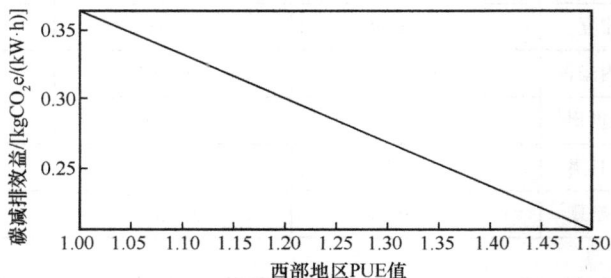

图 3.2　碳减排效益随西部地区 PUE 值的变化

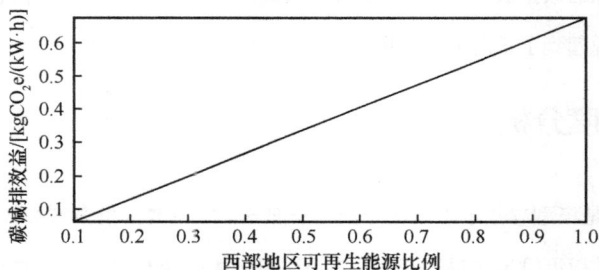

图 3.3　碳减排效益随西部地区可再生能源比例的变化

由图 3.3 可知，西部地区可再生能源比例与碳减排效益成正比，可再生能源比例每增加 10%，碳减排效益就能提升 7.37%。可再生能源比例最高为 100%，此时的碳减排效益为 0.6885kgCO$_2$e/(kW·h)。

3.4　结论与展望

本章针对"东数西算"工程背景下数据中心的负载转移带来的减排问题，在考虑可再生能源和气候条件的基础上构建了碳排放量核算模型，并使用生命周期评估方法充分考虑了数据传输过程所需搭建传输通道造成的额外碳排放。主要研究结论如下。

（1）不同地区用电结构中可再生能源的比例和气候条件的不同会对数据中心的碳排放

造成影响，在保持数据中心 IT 设备能耗不变的条件下，可再生能源比例的提高以及电能使用效率的降低都对碳排放量的降低起到促进作用。不同的工作负载转移路径下有不同的单位降碳量，最优碳减排转移路径主要取决于负载接收方用电结构中的可再生能源比例和 PUE 值。根据算例分析，在 PUE 值相同的情况下，甘肃地区得益于丰厚的自然条件和先进的可再生能源生产技术，其碳减排能力为 4 个地区的最高水平。

（2）相较于数据中心因工作负载转移所减少的碳排放量，传输过程中的额外碳排放量可以忽略不计，也就是说"东数西算"工程具有显著且正向的碳减排效益。

（3）以算力承接点的可再生能源利用率和 PUE 值为自变量对碳减排模型进行了灵敏度分析，通过提高数据中心的电能使用效率，碳减排效益最高可为 $0.365\mathrm{kgCO_2e/(kW·h)}$，且当数据中心的电力完全由可再生能源提供时，碳减排效益为 $0.6885\mathrm{kgCO_2e/(kW·h)}$。

展望未来，"东数西算"工程在数据中心碳减排方面显现出巨大潜力和深远价值。预计随着可再生能源技术的不断进步和成本的逐步降低，数据中心将能够更广泛地利用风能、太阳能等清洁能源，从而减少对化石能源的依赖，能源结构的优化将使数据中心的碳减排效果更为显著。此外，数据中心的建设和运营将更加重视应用节能技术和解决方案。例如，采用高效的冷却系统、优化服务器的能效比、使用先进的电源管理技术等措施，将有效提升数据中心的能效，降低能耗和碳排放量。

政策支持和市场机制的完善是推动数据中心碳减排的关键动力。政府在其中扮演着至关重要的角色，通过制定鼓励性政策并加强监管，激励数据中心采用绿色技术和解决方案；市场参与也必不可少，通过完善碳交易市场等市场机制，将为数据中心创造更多参与碳减排的经济效益。数据中心需要加强与政府、科研机构、企业、行业协会等各方的合作，形成全社会共同推动数据中心行业绿色发展的强大合力，通过跨领域的技术创新、政策引导和市场激励，数据中心将有望成为助力国家实现"双碳"目标的关键力量。随着"东数西算"工程的深入实施，数据中心的绿色转型不仅能够促进自身的高效运转，也将为国家乃至全球的可持续发展事业做出积极贡献。

第 4 章

"东数西算" 工程中数据安全治理体系^[135]

本章首先分析数据安全治理体系的现状,然后从技术层面、管理层面和运营层面对数据安全治理体系建设面临的挑战进行了剖析,最后提出了一体协同的数据安全治理体系构建思路。

在"东数西算"工程庞大、复杂的场景下，数据安全成为八大枢纽节点以及整个算力网络的底座和基石。"东数西算"工程通过在全国范围内优化数据中心的布局和计算资源的配置，构建了一个分布式的、跨区域的计算能力网络，它在采集、存储、流通、交换、共享、使用等数据全生命周期中的安全问题都是不容忽视的。另外，"东数西算"工程作为国家级关键信息基础设施，承载着数字经济的丰富算力及海量数据，是境外敌对势力和不法分子重点攻击的对象。他们对"东数西算"工程算力网络体系等基础设施发起的网络攻击、漏洞攻击、定向攻击、数据窃取等，极易造成信息泄露、应用系统无法使用等问题，不仅影响公民和组织的合法权益，甚至将对国家安全、社会稳定造成严重的威胁。2021年5月，《全国一体化大数据中心协同创新体系算力枢纽实施方案》[36]明确指出，加强对基础网络、数据中心、云平台、数据和应用的一体化安全保障，提高大数据安全可靠水平。加强对个人隐私等敏感信息的保护，确保基础设施和数据的安全。

随着"东数西算"工程的推进，传统边界安全防护体系已难以灵活地适应新技术发展趋势。首先，技术的快速进步催生了众多新型网络攻击手段，这使得依赖于传统固化边界防护理念的数据安全防护显得捉襟见肘。其次，传统防护方法在数据安全领域存在安全能力不足、缺乏灵活性和统一运营机制等问题，难以适应云架构下业务流与数据流的快速融合和变化，导致安全边界变得模糊。这些挑战对数据防护提出了新的安全保障需求。为此，我们需要构建一个高度集中化的数据安全平台，该平台能够实现数据安全防护能力的体系化集成。它将统筹调度包括资产识别、分类分级、流动监测、风险分析、风险评估和事件溯源在内的各项能力。向下，这个平台将实现安全资源的整合；向上，它将提供安全服务的支持。目标是构建一个合规有序、有效保护、高效运营的数据安全一体化治理体系，以应对不断变化的安全挑战。

4.1 数据安全治理体系的现状分析

数据安全治理体系的建设需要覆盖技术、管理和运营3个方面。通过查阅研究相关文献发现，近年来，国内外学者在数据安全和隐私保护技术方面进行了大量研究，这些研究为"东数西算"的数据安全治理体系提供了重要的理论基础和技术支持。Craig Gentry[136]提出完全同态加密方案，允许在加密数据上执行任意计算，而无须解密，为数据传输过程中的安全性提供保障。该方案基于理想格的复杂数学结构，并通过引入噪声来确保数据的安全性和正确性。Brendan McMahan 等人[137]提出了一种名为"联邦学习"的新型分布式机器学习方法，使模型可以在不传输数据的情况下在多个设备上训练。通过在不同设备上共享模型更新而非数据，该方法显著减少了通信带宽需求，并保护了用户隐私，适用于大规模算力网络的框架设计。Dwork 等人[138]提出一种用于保护数据隐私的新方法——差分隐私，通过向查询结果中引入随机噪声，实现对个体数据的隐私保护，为隐私保护提供了一个新的视角。

虽然数据安全技术层面的问题已经被广泛探讨，特别是针对"东数西算"工程中的跨区域数据交互和多业务场景数据安全问题。但是数据安全治理体系管理和运营的研究还处于起步阶段，尤其是针对以八大枢纽为基础、以规模大主体多为特点的算力网络的治理体系研究管理需要进一步完善。在数据安全治理体系的管理工作中，易成岐等人[139]提到，全国一体化大数据中心协同创新体系总体框架主要由国家"数网"体系、"数纽"体系、"数链"体系、"数脑"体系、"数盾"体系五大部分组成，既涵盖工程建设内容，也囊括政策工具内容，着重强调了数据安全防护亟待自主化的问题。国家信息中心信息与网络安全部"数盾"研究小组[140]以问题为导向，对相关法律法规、政策文件、产业基础、技术发展以及数据安全面临的核心问题，特别是对数盾的基本概念、基本功能、核心价值等问题进行了研究和初步探索，提出了数盾体系技术架构。石勇等人[141]通过实地调研，提出：一要尽快编制出台统一的标准规范；二要建立数据采集标准，提升数据质量，解决数据孤岛问题；三要构建数据安全防护体系，保障数据体系发展；四要强化人才支撑，加大核心技术研发力度。

在数据安全治理体系的运营工作中，邱勤等人[142]提出，算力网络作为提供算力和网络深度融合、一体化服务的新型基础设施，为网络强国、数字中国、智慧社会建设提供了重要支撑。徐建等人[143]对单一数据中心的 IT 网络安全体系和 OT 网络安全体系等相关问题进行了分析研究，提出新型数据中心作为数字经济的"信息底座"，具有"高技术、高算力、高能效、高安全"的"四高"典型特征。根据国家顶层相关指导文件，结合新型数据中心典型特征和发展趋势，他们从运营技术和信息技术两个视角研究了新型数据中心安全防护体系。

2021年5月26日，作为我国算力网络的骨干连接点，国家一体化大数据中心（宁夏·中卫）枢纽节点正式发布，重点承接国家"东数西算"战略任务，全国首个"东数西算一体化算力服务平台"成立。2023年8月，银川揭牌成立了云网基础设施安全国家工程研究中心宁夏分中心、国家信息中心数字化人才发展研究院"数字化转型数字素养要求"标准试点工程、自治区网络和数据安全运营中心以及数字宁夏智算中心，标志着"东数西算"（宁夏枢纽）中云安全一体化建设工程正式启动。云安全一体化建设工程主要通过数据加密、身份验证、访问控制、数据脱敏、自动化安全策略、智能资源调度和入侵防护等技术手段，构建统一的安全管理平台，确保数据在传输和处理过程中的安全与隐私，同时提升云计算资源的利用效率。其建设意义在于为"东数西算"工程提供强有力的安全保障，推动云安全技术和管理的标准化，促进东西部地区的协调发展，并增强我国在云安全领域的国际竞争力，为国家数字经济的可持续发展奠定基础。

综上所述，大数据中心安全防护体系建设相关领域的工作一直在持续推进中，大多数的研究对安全治理问题提出了框架性建议，但还未对"东数西算"工程，特别是集群级、枢纽级的安全防护能力建设面临的体系化布局、统筹组织推进、统一标准规范等问题进行深入研究，还未形成以问题为导向的全国一体协同数据安全防护体系研究的公开成果。从2022年开始，"东数西算"工程加快推进，各大枢纽节点建设进入提速升级阶段，一批重大示范项目相继开工建设。因此，在现阶段加快研究和布局构建一体化国家大数据中心安全防护体系正当其时。

4.2 数据安全治理体系建设面临的挑战

与其他算力网络相比，"东数西算"工程的独特性在于其参与主体的多样性、技术层级的复杂性以及管理层级的广泛性。它不仅需要协调众多的参与方，还要跨越从"云网数安算"到数据中心、集群、枢纽直至国家层面的多个技术与管理层级。"东数西算"工程的跨区域交互、跨网络传输、多业务场景下的数据调用，以及数据安全边界的模糊性，都为数据安全防护体系的构建带来了前所未有的挑战。这些挑战不仅限于技术层面的集成与协同，还涉及运营策略的创新规划以及安全管理的顶层设计。

（1）技术层面

跨区域数据交互，数据调用传输有风险。"东数西算"工程需在全国范围内统筹调度算力资源、存储资源、网络资源、数据资源进行算力综合运算，导致整个数据传输和计算过程跨区域、远程化、网络化完成。这种海量数据跨地域交互，势必对海量数据的识别、脱敏、防泄露等手段提出新的挑战和要求。

多业务调用数据，数据分类分级有难度。高效利用数据是"东数西算"工程的核心要求，由于参与计算的数据主体繁多，模型大小不一，业务场景丰富、数据量大、数据结构和信息多元化，传统的数据分类分级方式效率低下，这对基于权属、区域、场景等属性将数据进行自动、智能、精准分类分级的手段提出了新的挑战和要求。

（2）管理层面

"东数西算"工程安全防护能力建设的参与主体多，亟待统筹推进建设。数据安全防护体系工程建设各相关方的主体责任、责任边界、协同机制还未明确建立，需尽快推动构建责任明确的数据安全治理格局。

"东数西算"工程安全防护能力建设涉及的层级多，亟待体系化布局。一体化安全防护体系建设所跨"云网数安算"等技术层级和数据中心-集群-枢纽-国家的管理层级多。数据安全防护体系工程建设需尽快在技术层面上构建"云网数安算"一体协同的防护体系，也需在管理层面上构建"数据中心-集群-枢纽-国家"一体协同的安全防护机制。

（3）运营层面

全新的管控架构，安全能力聚合有挑战。"东数西算"工程以数据要素与流通共享为前提，在保障数据安全的同时，应当探索安全新方向，协同数据资源创造更大价值。从数据流动规范性、安全性、可管控性等方面考虑，亟须建立一套统一完善的数据安全防护体系，将数据安全产品能力进行规范和聚合，用于高效应对和满足算网融合、数据开放、技术创新等的新挑战和新要求。

另外，"东数西算"工程安全防护能力建设涉及技术、服务、运营等不同方面，亟待统一标准。国内尚未出台超大规模数据中心集群建设的标准与规范，特别是缺少集群安全防护体系建设标准，不能满足当前数据中心集群建设的需要。在"云网数安算"各技术层面，需在统一的策略指导下统筹调度众多安全设备形成协同防护能力进行一体化防护，这就迫切需要建设一套统一的技术标准规范，实现安全能力的统一纳管、一体协同。

4.3 一体协同的数据安全治理体系的构建思路

4.3.1 推动构建责任明确的数据安全治理格局

"东数西算"工程八大枢纽、十大集群的建设参与主体非常多元化，既有当地政府主管部门指定的参建单位，也有三大运营商、数据中心提供商、信息技术产品和服务提供商、大型互联网平台企业和大数据公司，还有基于算力基础设施开展数链、数脑业务的社会上的各种业务主体。因此构建全国一体协同的数据安全治理体系首先应该梳理清楚"东数西算"工程各参与主体在工程建设、管理、运行、服务、监管等不同环节的相互关系，以及对应的网络和数据安全责任及责任边界。对边界模糊的新发展态势，还应建立交叉区域的齐抓共管机制。按照《中华人民共和国网络安全法》《中华人民共和国数据安全法》《中华人民共和国个人信息保护法》《中华人民共和国密码法》等国家法律法规要求，以及《信息安全技术 关键信息基础设施安全保护要求》《信息安全等级保护管理办法》等标准规范要求，形成条块结合、网格化管理、共商共建共享的数据安全治理格局。

形成的数据安全治理框架如图 4.1 所示，包括以下 4 个关键角色。

- 监管方：由网信、公安、国家安全等部门组成，负责对整个数据安全体系进行监督管理，确保数据安全和合规性。

- 投资方：包括国家或地区政府以及参与建设和运营的相关企业，他们为项目提供必要的资金支持。

- 建设方：由数据中心提供商、网络提供商、云服务提供商、安全服务提供商组成，这些商业实体为数据中心的建设和运营提供必要的技术支持和服务，包括数据存储、网络连接、云计算服务以及安全保障措施。

- 运营方：同样由主管部门指定的事业单位或有能力的国有公司担任，负责数据中心的日常运营管理。各方在明确的责任边界内协同工作，共同构建和维护一个安全、高效的数据安全体系。

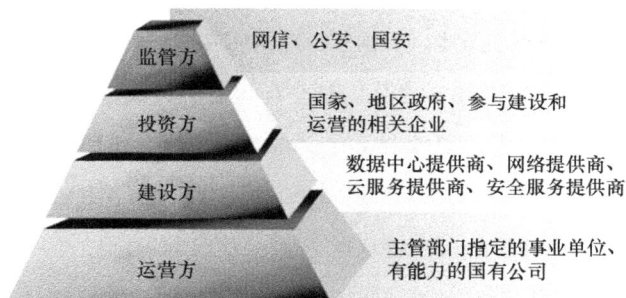

图 4.1　数据安全体系建设各方责任主体

数据安全治理框架的确立是确保数据安全和合规性的关键步骤。数据安全治理框架确立之后，从具体落实层面来讲，应从管理、技术、运营 3 个方面出发，以管理体系为指导，以数据安全管控策略为核心，以技术体系为支撑，以运营体系为贯彻执行，构建三位一体的数据安全治理体系，如图 4.2 所示。具体而言，作为数据安全治理体系的指导，管理体系负责制定和维护数据安全政策、标准和流程，它确保所有相关方都遵循最佳实践，并为数据安全提供组织结构和责任分配。作为数据安全治理体系的支撑，技术体系涵盖了用于保护数据安全的各种技术和工具。作为数据安全治理体系的贯彻执行者，运营体系负责日常的数据安全管理和监控活动。运营体系确保技术措施得到有效执行，并能够迅速响应数据安全事件。这种方法能够创建一个全面的、动态的数据安全环境，以应对不断变化的威胁和挑战。

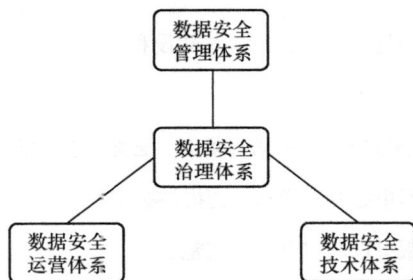

图 4.2 三位一体的数据安全治理体系

4.3.2 构建国家-枢纽(集群)-数据中心一体协同的防护体系

在"东数西算"工程的建设中,集群内部数据中心构成了基础的模块,并且也是最小的安全层级。这些数据中心在市场化的建设浪潮中,不仅要符合国家网络信息安全的相关标准,还要满足自身独特的安全需求。面对多样化的安全需求场景和庞大的数量,统一建设标准和组织管理显得尤为复杂。因此,我们建议从统一的安全标准、接入标准和监测标准出发,明确各数据中心的安全责任。具体而言,我们建议构建一个 3 层架构的数据安全防护体系,其框架如图 4.3 所示。这一体系由国家级、枢纽级和集群级数据安全防护平台组成,它们相互协作,形成一张覆盖全国的数据安全网。其中国家级平台位于顶部,负责统筹监管,确保整个国家范围内的数据安全和信息共享;枢纽级平台位于中间部分,承担连接国家级和集群级平台的桥梁作用,在数据交换、情报共享和指挥协同方面发挥关键作用;集群级平台位于底部,直接与数据中心相连,负责具体的数据安全实施和风险管理。这样的体系不仅能够为现有的数据中心提供坚实的安全保障,也为未来城市数据中心的数据安全防护平台的扩展打下了坚实的基础。

进一步地,未来需要对数据安全防护的相关技术标准、服务标准和管理要求进行优化和改进,以实现全国性的定制化和大规模复制推广。考虑到现有的八大枢纽在全国范围内的均衡布局,建议加强枢纽级安全中心的建设,使其充分发挥承上启下的作用,减轻各枢纽内新增集群时国家级安全中心的负担,同时为今后枢纽外周边区域的新增集群提供有效的安全管控。这将有助于在全国范围内形成 8 个大型区域级安全中心,为数据安全提供更加全面和高效的保护。

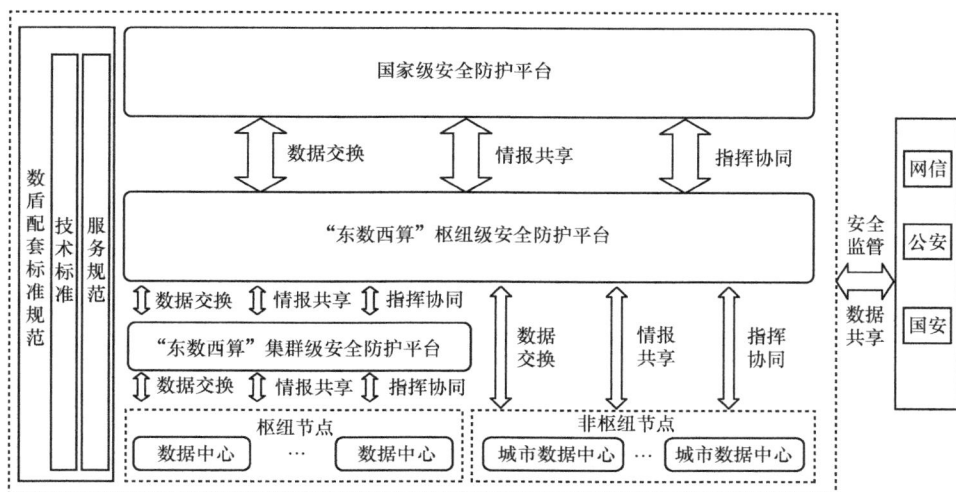

图 4.3 "东数西算"工程安全防护体系建设总体框架

4.3.3 防护体系建设组织推进模式的建议

（1）数据中心级数据安全防护体系建设

数据中心微观层面"管建"，该级别的安全能力建设主要以保障业务连续运行、极其重要数据不受破坏为重点，通过分析识别、安全防护、主动防御、事件处置等安全控制措施，以关键业务为核心实现自身的整体防控。该级别的安全能力建议主要以统一安全标准并与集群安全中心做好统筹规划、综合管理、智能聚合为主。

（2）集群/枢纽级数据安全防护体系建设

集群级层面"管战"，以各枢纽的集群投资建设单位（以企业为主体）为责任主体，以数据安全能力建设为核心目标，建立以数据安全为核心的集群安全中心，重点建设集群内部的独立数盾防护体系，从网络安全、云安全、数据安全、应用安全、安全管理等维度搭建各集群安全防护技术支撑框架。集群级数据安全防护体系以数据安全防护平台为切入点，建设安全运营中心、安全数据中心、安全能力中心，实现集群内各数据中心及其入驻单位（服务对象一般是政府/企业）的安全能力共享和安全运营协同。原则上要避免跨枢纽共用安全数据中心的情况。集群级数据安全防护体系主要由集群安全中心投资建设单位负责建设、管理和运营。

枢纽级中观层面"管统"，以当地枢纽建设的主管部门为建设单位和责任主体，以数据安全体系化协同保护为核心目标，以信息共享为导向开展协同联防，统筹调度各微观层面数据安全能力，建立信息共享、统一指挥、快速调度、智能响应的区域一体化数据安全防护体系。以数据流动安全为中心，建立围绕跨行业、跨层级的流动防护体系。建立网络信息安全事件管理制度，对下管理、对上汇报，横向与国家有关平台对接，实现协同联动和安全数据共享（提供给枢纽节点的网信、国安、公安等监管部门的横向接口）。建设枢纽级数据安全防护安全基础设施，实现跨系统、跨区域的安全能力复用，保障政府和社会的数据共享和数据交换，实现跨层面、跨系统、跨区域的数据保护。在地域相同的情况下，枢纽级安全中心也可与集群级安全中心合并建设。

按照"管运适度分离"的原则，枢纽级数据安全防护体系可由各枢纽主管部门指定的事业单位与有能力的国有企业共同负责数据安全防护基础设施的建设、管理和本地化运营服务。

（3）国家级数据安全防护体系建设

宏观层面"管总"，以国家"东数西算"工程主管部门为建设单位和责任主体，以数据安全情报共享、能力统筹、体系化保护为核心目标，统筹指挥调度各区域数据安全能力，建立全国一体化数据安全防护体系的统筹协同机制。按照"管运适度分离"原则，国家级数据安全防护体系可由国家"东数西算"工程主管部门指定的事业单位或国有企业负责国家级数据安全防护基础设施的建设、管理和运营。

整套数据安全防护技术体系全面构筑数据安全防护技术体系建设框架，以关键信息基础设施安全保护要求为指导，以标准规范为理论依据和实施基础，向上对接国家级数据安全防护总平台、向下衔接数据中心级数据安全防护技术平台，构建集群枢纽的安全防护和安全监管两大能力，充分调动数据交换、情报共享和协调指挥等作用，实现跨区域、跨部门、跨层级的协同联动。以数据安全流通与增值为目标推进数据要素市场化，同步打造数据安全防护产业生态体系，着力引导网络安全产业聚集。

4.3.4　加强数据安全防护体系的统筹建设与管理

在构建面向未来的数据安全防护体系中，我们必须确保策略的前瞻性、规范的系统性以及执行的严密性。随着"东数西算"工程的深入实施，数据的流动性和复杂性不断增加，对安全防护体系的统筹建设与管理提出了全新的挑战。因此，我们的战略指导将聚焦于 3 个核心支柱：制度规范的建立与完善、技术防护的创新与整合，以及监管职能的强化与协同。这些支柱将共同支撑起一个全面、动态且高度响应的数据安全防护网络。

（1）构建全面的数据安全防护标准规范体系

在"东数西算"工程的数据安全防护中，需采取多维度策略，确保制度规范的落地与执行。这包括但不限于明确关键信息基础设施的保护要求、控制措施、边界识别、保障指标、应急体系和检查评估，进而加强制度规范落地建设、加强技术标准体系建设、加强应急体系规划设计。目标是实现标准规范的统一化，涵盖内部数据交换接口、级联接口、应急处置、安全监测和运行监控等方面。特别是数字认证和密码应用体系的设计，将严格遵循自上而下的原则，确保其严密性。

数据安全防护体系标准规范框架已详细展示在图 4.4 中。从管理、技术和服务 3 个维度出发，建立一套完善的标准规范体系。在"东数西算"安全防护体系的管理规范中，将推进包括安全管理制度、安全策略管理、安全传输管理、数据分级分类、安全防护事件信息管理等在内的协同统一的管理制度体系，确保管理工作标准的一致性。同时，在"东数西算"工程安全防护体系的技术规范中，将建立包括组件接入认证标准、密码使用规范标准、数据外发和接收规范、数据交互标准等在内的安全技术规范体系，以提升各级算力节点的安全防护能力。此外，将创新"东数西算"安全防护体系中的服务规范，包括服务水平管理指南、服务质量评价标准、应急响应服务指南和安全监测服务指南，以强化安全运营服务的管理要求，增强实战运营能力。

（2）发展一体化的数据安全防护公共服务能力

从算网安全、数据安全、信息共享、监测预警等多个关键领域，系统性地推进一体化数据安全防护公共服务能力的发展。这一进程包括在国家、枢纽、集群 3 个层级上，建立一个全面的数据安全防护架构，以及网络出口边界的防护机制，确保数据在传输过程中的安全性；通过构建隐私计算等平台，实现数据安全融合计算能力，保障数据在处理过程中的隐私性和安全性；为关键应用建立强大的数据安全备份能力，确保在面临数据丢失或损坏风险时能够迅速恢复；建立数据安全防护的安全监测中心和应急处置中心，以实时监控数据安全态势，并快速响应安全事件；创建一个安全攻防实训靶场，用于模拟安全威胁和攻击场景，提高团队的实战能力和应急处置技能。通过这些措施，全面提升数据安全防护的公共服务能力，为算力网络和数据驱动的决策提供坚实的安全保障。

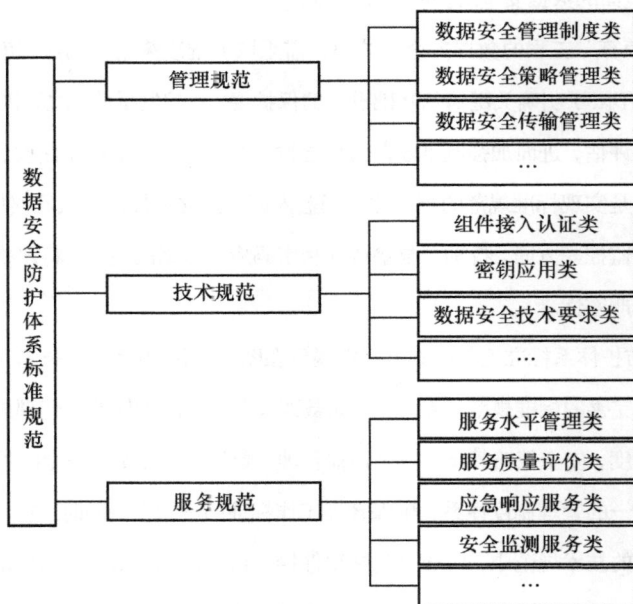

图 4.4　数据安全防护体系标准规范框架

（3）加强数据安全防护的安全监督管理职能

建立全国统一的一体化安全管理协调机构，从安全管理、安全建设、安全运维 3 个角度出发，构建安全防护管理框架。加强安全数据汇聚和态势感知、加强安全情报跨领域共享交换、加强安全事件的指挥调度能力、推动开展安全合规监督检查，打造一体化安全运营新模式，并协助网信、国安、公安等监管部门做好网络和数据安全工作的监督指导。

通过这些措施，确保数据安全防护体系的高效性、可靠性和前瞻性，为算力网络和"东数西算"工程提供坚实的安全保障。

第 5 章

大语言模型时代的 "东数西算"

　　本章首先介绍 "东数西算" 工程与大语言模型的关系，然后给出了 "东数西算" 工程在大语言模型领域的探索和突破，最后对 "东数西算" 工程在大语言模型时代的发展路径进行了展望。

当前，人工智能技术的迅猛发展推动了大语言模型（简称大模型）等多种生成式人工智能的崛起。这些大模型在处理海量数据、实现复杂任务以及提供智能化服务方面展现出了巨大潜力，成为推动科技进步和社会发展的重要引擎。大模型的广泛应用不仅改变了企业的运营模式，也对各行各业的创新与发展产生了深远影响。

然而，大模型的训练和推理过程需要大量的计算资源和数据支持，这对算力基础设施提出了极高的要求。因此，在大模型时代，"东数西算"工程的重要性愈发凸显，它不仅为大模型提供了必要的算力支持，还优化了数据资源的配置，确保了大模型的高效运行。同时，在《关于深入实施"东数西算"工程加快构建全国一体化算力网的实施意见》（以下简称《实施意见》）中，明确提出要统筹算力与数据、算法的一体化应用，积极开展大模型创新算法及关键技术研究，降低大模型计算的算力消耗水平。由此可见，"东数西算"工程与大模型联系紧密，"东数西算"工程不仅能够满足大模型对高算力的需求，还能通过大模型更高效地使用数据资源，提升数字产业化水平，并进一步推动"东数西算"工程的优化和完善。因此，在大模型时代下，"东数西算"工程的实施正当其时，为推动我国数字经济高质量发展提供了强大支撑。

5.1 "东数西算"工程与大模型的关系

"东数西算"工程为大模型的发展提供了坚实的基础和广阔的空间。通过优化计算资源布局、推动技术创新和生态系统建设、拓展应用场景，"东数西算"工程不仅有助于解决大模型面临的关键挑战，还将推动中国数字经济和智能社会的发展。

"东数西算"工程优化了计算资源布局，为大模型的训练和推理提供了更高效、可持续的计算保障。AI 大模型通常涉及数十亿到数万亿个参数，训练过程中需要庞大的数据集，因而消耗大量算力和能源。目前，国内专注于 AI 大模型开发的企业大多集中在北京、上海、深圳和杭州等城市。以 GPT-3 模型的训练为例，单次训练需使用 500 台配备 8 块卡的 DGX A100 服务器，耗时约 10 天。以 2024 年的电力价格为例，在宁夏进行 GPT-3 模型的训练，其电力成本大约为 14 万元，而在广东相同条件下则需花费近 63 万元。因此，将数据资源从东部沿海发达地区向西部资源丰富、气候适宜的地区转移,可以显著降低数据训练的能源消耗和运营成本,西部地区相对便宜的土地和电力资源为大模型所需的大规模计算资源提供了保障。此外,西部地区的地理环境和气候条件也是可再生能源开发的理想之地,丰富的太阳能、风能和水电资源能够为大模型训练和推理提供更加可持续的计算环境,不仅降低了运营成本,还有助于推动经济的绿色转型。

"东数西算"工程推动了技术创新和生态系统建设,为我国大模型发展提供更长远的规划支持。在全球数字经济竞争中,我国强调自主研发,推动技术的本土化和创新,以解决数据流通、隐私保护、国家安全等多方面问题。"东数西算"工程鼓励开发具有自主知识产权的技术解决方案,如数据中心节能降碳、可再生能源供电、异构算力融合、云网融合、多云调度、数据安全流通等技术创新和模式创新,从而逐渐形成中国特色的生态系统。而大模型的训练和应用涉及大量数据的传输、存储等,确保这些数据的安全与隐私是一个重要挑战,这与"东数西算"工程的技术创新方向不谋而合。"东数西算"工程推动数据中心基础设施的建立和完善,促进开放、共享、高效的数据计算生态系统构建,这些都为我国的大模型发展提供了坚实的基础,不仅有助于大模型的研究与应用,更为我国的大模型发展树立了自主可控的发展路径。

"东数西算"工程丰富了数据资源,为大模型时代下的数字产业化打造更坚实的数据基础。"东数西算"工程通过推动数据中心的建设和资源整合,强化了数据中心上游设备制造业,并促进了下游数据要素流通、数据创新型应用和新型消费产业的集聚落地。同时,国家支持西部算力枢纽围绕数据中心就地发展数据加工、数据清洗和数据内容服务等偏劳动密集型产业,促进了技术人才的培养和集聚,提升了数据资源的质量,进一步加速数字产业化。在大模型时代下,通过高效的数据分析和智能化应用,大模型可以有效推动数字产业化,实现更高水平的生产效率和资源优化配置。而大模型的学习依赖于海量数据,因此在大模型的训练过程中,数据的质量与数量都至关重要。"东数西算"工程推动数据资源的高效配置和集约化管理,其战略布局可以为大模型时代下的数字产业化提供海量的高质量数据资源,为大模型的训练和应用提供更坚实的基础,进一步加速数字经济的创新与发展。

5.2 "东数西算"工程在大模型领域的探索与突破

大模型的发展正如火如荼,各企业争相布局,纷纷推出各类大模型。自 2022 年年底以来,随着 ChatGPT、Midjourney、Stable Diffusion 等文本和视觉大模型相继推出,生成式人工智能大模型得到了迅速发展。在 AI 大浪潮下,国内一众企业,如阿里巴巴、华为、百度等公司,也积极投入大模型的开发与落地中来,其中包括自然语言处理模型、计算机视觉大模型、多模态大模型等多种类型,推动市场迅速扩大。2023 年,百度发布文心一言,华为发布盘古大模型,阿里巴巴发布通义千问大模型,清华开源 ChatGLM,此外多家上市公司也开始布局 AI 大模型领域,积极探索 AI 大模型技术的应用。2024 年,全球范围内大模型继续更新迭代,OpenAI 发布文生视频大模型 Sora,Meta 开源 Llama3,谷歌开源 Gemma,阿里云开源 Qwen1.5,Anthropic 发布 Claude3。

相关机构和部门为大模型的算力调度提出了各类平台模型建设及实施意见。2023 年 6 月 5 日,中国信息通信研究院联合中国电信共同发布我国首个实现多元异构算力调度的全国性平台"全国一体化算力算网调度平台(1.0 版)"。该平台旨在落实国家"东数西算"战略,通过"三跨四互联"解决算力可管可控可调度的问题。目前,平台已接入天翼云、华为云和阿里云等。2024 年 1 月,工信部等七部门发布了《关于推动未来产业创新发展的实施意见》,针对超大规模新型智算中心建设,提出加快突破 GPU 芯片、集群低时延互联网络和异构资源管理等技术,建设超大规模智算中心,以满足大模型迭代训练和应用推理的需求。

随着"东数西算"工程的发展,其在大模型领域的应用正不断探索与突破。2023 年 10 月,科大讯飞与华为合作开发的"飞星一号"国产算力平台启用,这是国内首个已经投产使用的全国产大模型训练集群,也是在"东数西算"工程背景下,国产算力发展的一个重要里程碑。2024 年 3 月,甘肃庆阳市出台了《庆阳市"东数西算"算力券实施方案(试行)》,重点支持人工智能大模型的训练和应用,每年发放总额不超过 1 亿元的算力券,并持续推进庆阳"东数西算"工程产业园的建设。目前,甘肃庆阳数据中心集群机架数量累计达到 1.5 万架,平均上架率约为 83.8%,算力规模达到 5300PFLOPS。燧弘科技、憨猴科技、金山云、智谱华章和百川智能等智算企业及大模型企业已在此落地，智能算力消纳达到了 100%。西部智算中心的算力规模达到 1200PFLOPS（每秒 120 亿亿次浮点运算），能够满足 10 个百亿级或 2~5 个千亿级基础大模型同时预训练的需求，也可以满足约 100 个行业大模型同时微调训练的需求。2024 年 8 月，在中国图象图形大会的华为昇思 MindSpore 技术论坛上，国家一体化大数据中心成渝枢纽节点成都智算中心与中国科学院空天信息创新研究院共同发布了全球首个面向跨模态遥感数据的生成式预训练大模型"空天•灵眸"。这是"东数西算"工程全面启动后，川京协同联动在成都进行的首个科研成果孵化，旨在构建一个通用的多模态多任务模型，为遥感领域的多行业应用提供一套通用便捷、性能优良的解决方案。

5.3 "东数西算"工程在大模型时代的发展路径展望

5.3.1 增强数据跨地域的高效协作

《实施意见》提出，到 2025 年年底，用户使用各类算力的易用性明显提高、成本明显降低，国家枢纽节点间网络传输费用大幅降低。随着"东数西算"工程的推进，充分发挥东西部协作能力成为重要环节，实现数据跨地域的高效传输与利用。

首先，需持续完善数字基础设施。高效的数据传输能力依赖于先进的网络技术，而技术的应用前提是稳定的网络带宽支持。随着大模型、云计算和人工智能等应用的不断发展，数字基础设施必须确保各类设备和传感器能够实现实时、高效的数据传输。特别是在分布式计算环境中，由于不同计算机之间需要频繁进行数据交换和通信，如果网络传输效率不高，将直接影响分布式训练的质量和速度，甚至可能成为瓶颈，从而限制分布式训练的效率。东西部地区之间要完善跨省网络连通，提供更好更快的网络带宽服务。因此，国家相关部门也在积极引导企业加强探索创新。如国家发展改革委、国家数据局和工信部将联合中国电信、中国联通和中国移动等企业，在部分枢纽节点间试点开通"东数西算"工程公共传输通道，以增强普惠性和易用性，为各行业的数字化转型提供有力支持，促进全国范围内数据资源与算力资源的高效对接和协同发展。

其次，需建立协作发展机制。西部地区可通过土地价格、电力成本、自然资源禀赋和相关政策来吸引数据中心项目落地，同时促进东部地区的工作负载向西部地区进行转移，深挖西部地区的算力资源。通过推动数据要素在东西部跨域流动，带动东部地区的互联网企业将自身的产业链环节延伸至西部地区，进而带动西部地区相关产业的发展，促进东西部地区的协同联动，实现资源的优势互补。特别是在大模型时代下，东部的数据优势与西部的算力优势可以实现高效互补，为大模型的持续创新和行业拓展奠定了坚实基础。

5.3.2　推动多源异构数据融合分析

《实施意见》强调，要提升数值、文本、图形图像、音频视频等多类型数据的多样化处理能力，有效提升数据治理水平。在大模型的训练和应用中，数据是基础，其质量、数量和多样性直接决定了大模型的性能和泛化能力。通过丰富和高质量的数据源，大模型能够学习到更全面的知识和模式，从而在各种应用场景中有出色表现。因此，必须提升多源异构数据的融合能力，充分发挥数据要素的活力。

首先，需提升多源异构数据的处理与融合能力。数字经济时代产出了海量数值、文本、图像、音频、视频等多源异构数据，它们为大模型的训练和应用提供更丰富的数据基础，但也增大了数据处理与融合难度。通过开发利用先进的数据处理技术与方法，从多种数据源中提取并关联信息，可以为大模型提供更高质量的语料环境，从而更全面地挖掘数据的价值，促进智能化决策和创新应用，推动产业数字化和数字产业化。

其次，需探索构建多源异构数据统一标识编码体系。在"东数西算"工程中，数据的互联互通至关重要。通过建立统一的标识编码标准，可以有效消除不同数据源之间的障碍，实现跨地区、跨行业、跨部门的数据标识互认。这不仅有助于提升数据治理水平，还能促进数据流通，增强数据共享的安全性和效率，以促进跨地区、跨行业、跨部门的数据融合与应用。

5.3.3 探索垂直领域大模型的应用

《实施意见》指出,要营造充满活力的算力产业生态环境,面向科学、政务、金融、工业、交通、健康、空间地理、自然资源等算力需求旺盛行业的实际需求,积极打造低成本、高品质、易使用的行业算力供给服务。因此,在当前的大模型发展过程中,探索垂直领域的应用成为关键的一步。尽管大模型在理论研究和技术创新方面取得了显著进展,但在国内市场上,其盈利能力却相对薄弱。这一问题的根源在于,国内企业过去的关注点多集中于通用模型的训练,忽视了特定行业的实际需求。通用模型虽然具有广泛的适用性,但由于缺乏针对性,往往难以在某一特定领域实现差异化竞争和独特的商业价值。同时,相较于通用模型,垂直领域大模型所需数据更专更精,在一定程度上可以降低训练成本。因此,必须推动大模型在垂直领域的应用,以便真正释放其潜力。

首先,需结合真实产业需求,推进垂直领域大模型的开发。国家数据局等十七部门在《"数据要素×"三年行动计划(2024—2026 年)》中指出,"发挥数据要素的放大、叠加、倍增作用,构建以数据为关键要素的数字经济,是推动高质量发展的必然要求"。通过数据要素与垂直领域大模型的结合应用,企业可以在特定领域内发现新的商业机会,进而探索出适合行业特点的创新商业模式。这也意味着企业在开发和训练大模型时,不仅要关注模型的性能指标,还要深入理解和研究行业的具体需求,提供针对性的解决方案。这一过程需要与行业企业密切合作,定制化开发模型,使其能够更好地满足特定领域的需求,如医疗、金融、制造等各行各业。

其次,需形成完整产业生态,实现垂直领域大模型的可持续应用。目前,大模型的训练成本仍十分昂贵,因而限制了不同领域企业在实际应用中对它的推广与商业落地应用。国内大模型的应用仍处于初期阶段,随着人工智能技术的不断进步及大模型商业化的推进,未来预计将吸引更多非专业领域的用户加入。例如,教育、营销、客户服务等多个行业存在着广泛的应用潜力。而要实现可持续盈利,各行业需建立完备成熟的产业链,充分利用"东数西算"工程的数据与算力资源,面向实际需求,积极打造低成本、高品质、易使用的行业算力供给服务。国家层面,需强化市场供需对接,提升中小企业算力使用便利度。

5.3.4　加快自主可控算力生态创新

《实施意见》强调，要充分利用国家枢纽节点算力资源，大幅提高数据供给质量，建立健全算法开发利用机制，提升数据分析能力。因此，自主算力生态的构建极为关键，其核心在于强大的硬件基础设施、创新的深度学习框架和算法。在硬件方面，自主设计和制造高性能芯片，以及自主品牌的高效能服务器和绿色数据中心，是基础设施建设的关键，以支持大规模计算和数据存储需求，确保数据的安全和高效存取。在深度学习框架和算法方面，自主研发框架可以为大规模数据处理和复杂模型的训练提供强大的平台，自主设计和优化的人工智能算法和模型则可以提升系统的整体性能和应用效果。这些核心要素共同构成了自主算力生态的基础，推动大模型快速发展。

首先，需加强自主研发高质量芯片。大模型的发展需要强大的算力支持，而 GPU 是 AI 模型的底层算力。目前，我国在高质量芯片方面仍然依赖国外进口。然而，国际形势复杂，自 2022 年 10 月起，美国政府实施了一系列限制 AI 芯片出口的措施，禁止向我国出售部分芯片。2023 年 10 月，美国商务部再次发布新的芯片出口限制，并限制其他国家转售给中国。这一系列限制措施导致我国目前面临算力紧缺的局面，自主研发高质量芯片成为国内大模型发展的主要挑战。根据《2023—2024 年中国人工智能计算力发展评估报告》[144]，大模型的发展提升了智能算力的需求，中国的人工智能算力平台将呈现多元化发展趋势，整体市场也将充满机遇。针对国内市场面临的单芯片算力瓶颈问题，需要以系统化思维构建算力基础设施平台，保障算力调度，优化大模型研发效率。这将加速中国市场对智能算力供给能力衡量标准的演变。用户对算力供给能力的评估指标将从对基础设施硬件性能的关注扩展到与应用需求和结果相关的维度上，如单位时间可处理 Token 的数量、可靠性、时延、训练时间和资金成本、数据集质量等。对于技术提供商来说，他们需要构建以应用为导向、以系统为核心的算力供给能力，提高算力利用率，提升卡间互联、多节点间互联等水平，支持灵活稳定扩展和弹性容错，积极打造通用的人工智能软件和硬件平台，以先进的系统性能力满足市场的应用需求。

其次，需加强自主研发的 AI 底层框架。目前，我国已经推出了超过 300 个大模型，但很多模型的效果与国外模型存在较大差距。当前我国的大多数研究基于国外的开源模型。要在模型效果上实现突破,仍需持续研究更优的模型结构,主要难点在于算法框架创新的挑战。人工智能技术的进步离不开深度学习框架,这些框架是研究和开发大模型的基础工具。尽管目前由国外研发的框架已经比较成熟并被广泛应用,但其仍存在算力资源消耗大、设备要求高等问题。并且,由于全球环境的不稳定,我国仍然需要自主研发 AI 底层框架,以满足国内企业的实际需求。

5.3.5 持续开展绿色数据中心建设

《实施意见》要求,要加强数据中心智慧能源管理,开展数据中心用能监测分析与负荷预测,优化数据中心电力系统整体运行效率。数据中心的未来发展方向一定是绿色的、节能的,这是我国生态环境和社会经济可持续发展的必然要求。

首先,需提高数据中心电能使用效率。数据中心应选址在平均温度较低的地区,通过使用自然冷却技术为服务器制冷创造有利条件,从而降低制冷系统的能耗,提高数据中心的电能使用效率。加强"老旧"数据中心的升级改造,加快"小散"数据中心腾退、整合。根据"老旧小散"数据中心的资源环境承载力,进行架构优化、网络改造、系统迁移以及资源整合,分类型、分批次地推动存量"老旧小散"数据中心转型发展。通过在城市群推广先进适用的技术装备,加快应用高密度、高效率的 IT 设备和基础设施系统,提升"老旧小散"数据中心的能源资源利用效率和算力供给能力,服务边缘计算数据中心的建设和运营。同时,可加强数据中心能耗指标统筹,统一能耗指标的统计口径、选取标准以及测算方法。建立以电能利用率、水利用率、可再生能源利用率以及二氧化碳排放强度等关键指标为主体的数据中心绿色发展多维度评估体系,提高能耗指标的全面性与真实性。结合我国自然资源禀赋特征,构建可持续的能源资源管理方案,完善全国一体化的数据中心能源资源管理体系,全面提升能源资源管理绩效。

其次,需提高可再生能源利用率。数据中心消纳可再生能源具有广阔的市场,研发更高效、更经济可靠的可再生能源发电技术,加大可再生能源的开发力度,加深可再生能源的消纳程度,对解决数据中心的能耗问题有重要的作用,同时在储能技术上的突破可以减少"弃光弃电"现象的发生,发展出数据中心和可再生能源有机结合的绿色新格局。通过开展电力体制改革,加快数据中心分布式供能,支持风电、光伏等可再生能源发展,实现优质能源梯级利用。采用试点的形式,实现部分能源替换,并由点到面,全面提升数据中心建设和应用过程中的新能源占比,转变能源使用结构。

参考文献

[1] 习近平主持中央政治局第三十四次集体学习：把握数字经济发展趋势和规律 推动我国数字经济健康发展[Z]. 2021.

[2] TAPSCOTT D. The digital economy: promise and peril in the age of networked intelligence[M]. New York: McGraw-Hill, 1996.

[3] 美国商务部. 浮现中的数字经济[M]. 姜奇平, 译. 北京: 中国人民大学出版社, 1998.

[4] 亨利. 浮现中的数字经济Ⅱ：美国商务部报告[M]. 黄奇, 邵波, 袁勤俭, 译. 南京: 南京大学出版社, 1999.

[5] 数据科学与大数据的科学原理及发展前景——香山科学会议第 462 次学术讨论会综述[Z]. 2021.

[6] G20 官网. G20 数字经济发展与合作倡议[Z]. 2016.

[7] 国家统计局. 数字经济及其核心产业统计分类（2021）[S]. 2021.

[8] 中国信息通信研究院. 中国数字经济发展白皮书（2022 年）[R]. 2022.

[9] 罗攀. 基于产业视角下的数字经济产业发展模式比较研究: 浙江省与贵州省数字经济发展对比[J]. 时代金融, 2022(11): 52-58.

[10] 第五届中国数字建设峰会. 成果展伙伴丨万物根生, 华为夯实 ICT 产业底座赋能中国数字经济发展[Z]. 2022.

[11] 第五届中国数字建设峰会. 成果展伙伴丨"生于云、长于云", 阿里巴巴集团全面构建数字经济开放"云生态"[Z]. 2022.

[12] 石勇. 数字经济的发展与未来[J]. 中国科学院院刊, 2022, 37(1): 78-87.

[13] LIU Y, GU Z L, XIA S, et al. What are the underlying transmission patterns of COVID-19 outbreak? An age-specific social contact characterization[J]. E Clinical Medicine, 2020, 22: 100354.

[14] Cambridge Center for Alternative Finance. Cambridge Bitcoin electricity consumption index[Z]. 2021.

[15] 国家发展和改革委员会高技术司. 国家发展和改革委高技术司主要负责同志就《全国一体化大数据中心协同创新体系算力枢纽实施方案》答记者问[Z]. 2021.

[16] 新华社. 中共中央国务院关于构建数据基础制度更好发挥数据要素作用的意见[Z]. 2022.

[17] 国务院. 新一代人工智能发展规划[Z]. 2017.

[18] 新华社. 中共中央人民政府发布《2024 年政府工作报告》[Z]. 2024.

[19] 新华社. 中华人民共和国国民经济和社会发展第十四个五年规划和 2035 年远景目标纲要[Z]. 2021.

[20] 习近平. 不断做强做优做大我国数字经济[J]. 先锋, 2022(3): 5-7.

[21] 新华社. 中共中央国务院印发《数字中国建设整体布局规划》[Z]. 2023.

[22] 国家数据局. 数字中国发展报告（2023 年）[R]. 2024.

[23] 国家发展改革委, 国家数据局, 中央网信办, 等. 关于深入实施"东数西算"工程 加快构建全国一体化算力网的实施意见[Z]. 2023.

[24] 中国信息通信研究院. 中国算力发展指数白皮书（2022 年）[R]. 2022.

[25] 中山大学计算机学院院办. 中山大学国家超级计算广州中心主机系统"天河二号"荣获全球超级计算机 TOP500 排名六连冠[Z]. 2015.

[26] NVIDIA. NVIDIA TESLA P4 推理加速器[Z]. 2019.

[27] 戚凯, 杨悦怡. 人工智能时代的美国对华算力竞争[J]. 国际论坛, 2024, 26(3): 43-61, 156-157.

[28] TSENG P K. TrendForce says with cloud companies initiating AI arms race, GPU demand from ChatGPT could reach 30,000 chips as it readies for commercialization[Z]. 2023.

[29] 清华大学全球产业研究院. 清华大学全球产业研究院联合发布《2022—2023 全球计算力指数评估报告》[Z]. 2023.

[30] 陈晓红, 曹廖滢, 陈姣龙, 等. 我国算力发展的需求、电力能耗及绿色低碳转型对策[J]. 中国科学院院刊, 2024, 39(3): 528-539.

[31] 吴洁: 高度重视算力发展有力支撑数字中国建设[Z]. 2023.

[32] 余晓晖: 加快优化算力资源 释放新质生产力[Z]. 2024.

[33] 中国信息通信研究院. 中国算力发展指数白皮书（2023 年）[R]. 2023.

[34] 新华三集团, 中国信息通信研究院. 2023 智能算力发展白皮书. [R]. 2023.

[35] 国家发展改革委, 中央网信办, 工业和信息化部, 等. 关于加快构建全国一体化大数据中心协同创新体系的指导意见[Z]. 2020.

[36] 国家发展改革委, 中央网信办, 工业和信息化部, 等. 关于印发《全国一体化大数据中心协同创新体系算力枢纽实施方案》的通知[Z]. 2021.

[37] 工业和信息化部. 《算力基础设施高质量发展行动计划》配套解读[Z]. 2023.

[38] IDC, 浪潮信息, 清华大学全球产业研究院. 2021—2022 全球计算力指数评估报告[R]. 2022.

[39] 中国信息通信研究院. 全球数字经济白皮书（2023 年）[R]. 2024.

[40] 刘艳. 首部"东数西算"基础设施白皮书发布[Z]. 2022.

[41] 国家发展改革委高技术司. 国家发展改革委高技术司牵头"东数西算"工程进展情况（2022 年 8 月）[Z]. 2022.

[42] 国家发展改革委高技术司. "东数西算"八大枢纽节点间的算力网络及调度平台建设战略合作签约仪式成功举办[Z]. 2022.

[43] 黎晓珊. "东数西算"首条 400G 全光省际骨干网正式商用[Z]. 2024.

[44] 人民网. 国家数据局: "东数西算"工程取得积极进展[Z]. 2024.

[45] 四川省发展和改革委员会. 四川省发展和改革委员会等六部门关于印发《全国一体化

算力网络成渝国家枢纽节点（四川）实施方案》的通知[Z]. 2022.

[46] 宁夏回族自治区发展和改革委员会. 全国一体化算力网络国家枢纽节点宁夏枢纽建设方案[Z]. 2023.

[47] 贵州省人民政府办公厅. 关于加快推进"东数西算"工程建设全国一体化算力网络国家（贵州）枢纽节点的实施意见[Z]. 2022.

[48] 甘肃省人民政府办公厅. 甘肃省人民政府办公厅关于支持全国一体化算力网络国家枢纽节点（甘肃）建设运营的若干措施[Z]. 2022.

[49] 芜湖新闻网. "东数西算"新集群上线 算力跑出加速度[Z]. 2024.

[50] 新华日报. "东数西算"长三角算力调度中心在苏州启用[Z]. 2024.

[51] 2022 中国算力大会. 中国综合算力指数（2022 年）[R]. 2022.

[52] 2022 中国算力大会. 中国存力白皮书（2022 年）[R]. 2022.

[53] 国家信息中心, 庆阳市人民政府, 燧原科技, 等. "东数西算"战略下绿色智算中心产业发展研究报告[R]. 2022.

[54] 庆阳市工信局. 市政府印发《国家数据中心集群（甘肃·庆阳）"东数西算"产业园区产业规划》[Z]. 2022.

[55] 国家发展改革委高技术司. 关于印发《贯彻落实碳达峰碳中和目标要求 推动数据中心和 5G 等新型基础设施绿色高质量发展实施方案》的通知[Z]. 2021.

[56] 国家发展改革委环资司. 关于印发《数据中心绿色低碳发展专项行动计划》的通知[Z]. 2024.

[57] 人民日报. 深入实施"东数西算"工程 促进各类各区域算力资源一体化调运[Z]. 2024.

[58] 贵州省大数据发展管理局. 关于加快推进"东数西算"工程建设全国一体化算力网络国家（贵州）枢纽节点的实施意见》政策问答[Z]. 2022.

[59] 甘肃省人民政府办公厅. 甘肃省人民政府办公厅印发关于支持全国一体化算力网络国家枢纽节点（甘肃）建设运营若干措施的通知[Z]. 2022.

[60] 国家发展改革委. "东数西算"推进情况（第 62 期）：国家发展改革委召开西部算力枢纽协同发展推进工作会[Z]. 2024.

[61] 郭琨, 康雨馨, 卓训方. 京津冀国家算力枢纽节点赋能全球数字经济标杆城市建设[J]. 大数据, 2023, 9(5): 134-139.

[62] 国家发展改革委, 中央网信办, 工业和信息化部, 等. 国家发展改革委等部门关于同意

京津冀地区启动建设全国一体化算力网络国家枢纽节点的复函[Z]. 2022.

[63] 河北省人民政府办公厅. 河北省人民政府办公厅印发《张家口数据中心集群建设方案》[Z]. 2022.

[64] 北京市人民政府办公厅. 北京市人民政府办公厅印发《北京市关于加快建设全球数字经济标杆城市的实施方案》的通知[Z]. 2021.

[65] 北京市人民政府. 北京市经济和信息化局 北京市通信管理局关于印发《北京市算力基础设施建设实施方案（2024—2027 年）》的通知[Z]. 2024.

[66] 通信产业网. 东数西算两年：走进京津冀算力枢纽[Z]. 2024.

[67] 芜湖市数据资源管理局. 东数西算两年：八大算力枢纽成绩几何[Z]. 2024.

[68] 北京市统计局. 北京建设全球数字经济标杆城市取得积极成效[Z]. 2024.

[69] 刘业政, 黄丽华, 朱扬勇, 等. 长三角国家算力枢纽节点赋能制造业数字化转型的机理与路径[J]. 大数据, 2023, 9(5): 61-77.

[70] 国家发展改革委, 中央网信办, 工业和信息化部, 等. 国家发展改革委等部门关于同意长三角地区启动建设全国一体化算力网络国家枢纽节点的复函[Z]. 2022.

[71] 上海市人民政府合作交流办公室. 长三角将启动建设国家算力枢纽节点[Z]. 2022.

[72] 工业和信息化部. 工业和信息化部关于印发《新型数据中心发展三年行动计划（2021—2023 年）》的通知[Z]. 2021.

[73] 江苏省工业和信息化厅. 省工业和信息化厅关于印发《江苏省新型数据中心统筹发展实施意见》的通知[Z]. 2021.

[74] 工业和信息化部. 工业和信息化部办公厅关于印发《2023 年 5G 工厂名录》的通知[Z]. 2023.

[75] 杜洋, 蔡小芳, 李彪. "东数西算"粤港澳大湾区（广东）枢纽的国际化发展及保障机制[J]. 大数据, 2023, 9(5): 78-89.

[76] 广东省工业和信息化厅. 广东省工业和信息化厅关于印发《2022 年广东省数字经济工作要点》的通知[Z]. 2022.

[77] 国家发展改革委. 关于同意粤港澳大湾区启动建设全国一体化算力网络国家枢纽节点的复函[Z]. 2022.

[78] 广东省人民政府办公厅. 广东省人民政府办公厅印发"数字湾区"建设三年行动方案的通知[Z]. 2023.

[79] 广东省通信管理局. 广东省通信管理局等九部门关于印发《广东省算力基础设施高质量发展行动暨"粤算"行动计划（2024—2025 年）》的通知[Z]. 2024.

[80] 韶关日报. 我市出台《韶关市加快智能计算产业发展若干措施》 "真金白银"推动智能计算产业发展[Z]. 2024.

[81] 招商银行研究院. 粤港澳大湾区系列研究（一）：经济与产业篇[Z]. 2024.

[82] 南方都市报. 广东科技生长力：研发经费支出稳居全国第一[Z]. 2024.

[83] 广东省人民政府. 广东省政府工作报告[Z]. 2023.

[84] 工业和信息化部. 工业和信息化部印发《"十四五"大数据产业发展规划》[Z]. 2021.

[85] 中国信息通信研究院. 中国综合算力指数（2023 年）[R]. 2023.

[86] 张自力, 解婷, 李文平. "东数西算"成渝枢纽战略分析和示范落地[J]. 大数据, 2023, 9(5): 32-47.

[87] 国家发展改革委高技术司. 国家发展改革委等部门关于同意成渝地区启动建设全国一体化算力网络国家枢纽节点的复函[Z]. 2022.

[88] 成都市经济和信息化局. 成都市经济和信息化局等八部门关于印发全国一体化算力网络成渝国家枢纽节点（成都）推进方案的通知[Z]. 2022.

[89] 新华社. 中共中央 国务院印发《成渝地区双城经济圈建设规划纲要》[Z]. 2021.

[90] 四川日报. 重庆四川两省市贯彻落实《成渝地区双城经济圈建设规划纲要》联合实施方案[Z]. 2021.

[91] 重庆市人民政府办公厅 四川省人民政府办公厅关于印发推动成渝地区双城经济圈市场一体化建设行动方案的通知（渝府办发〔2023〕15 号）[Z]. 2023.

[92] 重庆市人民政府办公厅. 重庆市人民政府办公厅四川省人民政府办公厅关于印发推动川渝能源绿色低碳高质量发展协同行动方案的通知[Z]. 2022.

[93] 国家发展改革委, 中央网信办, 工业和信息化部, 等. 国家发展改革委等部门关于同意内蒙古自治区启动建设全国一体化算力网络国家枢纽节点的复函[Z]. 2022.

[94] 闻鹰, 义博, 梁喜俊. 呼和浩特：打造绿色算力最强供给者[Z]. 2023.

[95] 呼和浩特日报. 呼和浩特：打造"东数西算"绿色算力供给高地[Z]. 2023.

[96] 康丽娜. 把国家重要能源和战略资源基地建设得势强劲足——内蒙古高质量发展特别报道[Z]. 2023.

[97] 内蒙古自治区工业和信息化厅. 内蒙古自治区工业和信息化厅关于印发《关于调整战

略性新兴产业电力交易的若干政策》的通知[Z]. 2022.

[98] 邓伟, 邓周灰. "东数西算" 背景下贵州省大数据产业发展现状, 问题与对策[J]. 大数据, 2023, 9(5): 90-99.

[99] 国家发展改革委, 中央网信办, 工业和信息化部, 等. 国家发展改革委等部门关于同意贵州省启动建设全国一体化算力网络国家枢纽节点的复函[Z]. 2021.

[100] 国务院. 国务院关于进一步促进贵州经济社会又好又快发展的若干意见[Z]. 2012.

[101] 贵州省人民政府. 中共贵州省委贵州省人民政府关于实施大数据战略行动建设国家大数据综合试验区的意见[Z]. 2020.

[102] 贵州省人民政府. 贵州省大数据融合创新发展工程专项行动方案[Z]. 2020.

[103] 贵州省大数据发展管理局. 全国一体化算力网络国家（贵州）枢纽节点正式获批建设[Z]. 2022.

[104] 国务院. 国务院关于支持贵州在新时代西部大开发上闯新路的意见[Z]. 2022.

[105] 贵州日报. 在实施数字经济战略上抢新机[Z]. 2024.

[106] 贵阳市人民政府. 中共贵阳市委 贵阳市人民政府关于加快大数据产业人才队伍建设的实施意见[Z]. 2015.

[107] 王华存, 刘伯霞, 丑一斐, 等. "东数西算" 甘肃枢纽庆阳集群: 现状与前景[J]. 大数据, 2023, 9(5): 111-133.

[108] 国家发展改革委, 中央网信办, 工业和信息化部, 等. 国家发展改革委等部门关于同意甘肃省启动建设全国一体化算力网络国家枢纽节点的复函[Z]. 2021.

[109] 国家发展改革委高技术司. 甘肃庆阳国家数据中心集群印发"东数西算"工程要素保障方案[Z]. 2022.

[110] 孟月. 甘肃移动: 依托独特区位优势全力参与庆阳节点建设[J]. 通信世界, 2022(7): 27-28.

[111] 郝芳. 我市印发《庆阳市数字经济应用型人才培养方案》[N]. 陇东报, 2022-07-18.

[112] 石勇, 刘平, 冯锦源. "东数西算" 宁夏节点数字经济产业发展研究[J]. 大数据, 2023, 9(5): 100-110.

[113] 国家发展改革委, 中央网信办, 工业和信息化部, 等. 国家发展改革委等部门关于同意宁夏回族自治区启动建设全国一体化算力网络国家枢纽节点的复函[Z]. 2021.

[114] 宁夏回族自治区发展和改革委员会. 全国一体化算力网络国家枢纽节点宁夏枢纽建设

方案》图解[Z]. 2022.

[115] 宁夏回族自治区人民政府办公厅. 自治区人民政府办公厅关于促进大数据产业发展应用的实施意见[Z]. 2022.

[116] 周瑜, 张炜乐, 段婉婷. "东数西算"背景下数据中心碳减排效益分析[J]. 大数据, 2023, 9(5): 48-60.

[117] 中国商报. 共铸国云 智领未来 | 绿色低碳, "东数西算"实践者[Z]. 2022.

[118] 杨苹, 于施洋, 任峰. 算力电力协同创新框架[J]. 控制理论与应用, 2024: 1-6.

[119] 张金梦. "算力网络"赋能数据中心降碳[N]. 中国能源报, 2022-01-24.

[120] SAJID S, JAWAD M, HAMID K, et al. Blockchain-based decentralized workload and energy management of geo-distributed data centers[J]. Sustainable Computing: Informatics and Systems, 2021, 29: 100461

[121] GUO C S, LUO F J, CAI Z X, et al. Energy management of Internet data centers in multiple local energy markets[J]. Electric Power Systems Research, 2022, 205: 107760.

[122] AMMARI A C, LABIDI W, MNIF F, et al. Firefly algorithm and learning-based geographical task scheduling for operational cost minimization in distributed green data centers[J]. Neurocomputing, 2022, 490: 146-162.

[123] KWON S. Ensuring renewable energy utilization with quality of service guarantee for energy-efficient data center operations[J]. Applied Energy, 2020, 276: 115424.

[124] PENG X, BHATTACHARYA T, CAO T, et al. Exploiting renewable energy and UPS systems to reduce power consumption in data centers[J]. Big Data Research, 2022, 27: 100306.

[125] GOIRI Í, HAQUE M E, LE K, et al. Matching renewable energy supply and demand in green datacenters[J]. Ad Hoc Networks, 2015, 25: 520-534.

[126] BIRD S, ACHUTHAN A, AIT M O, et al. Distributed (green) data centers: a new concept for energy, computing, and telecommunications[J]. Energy for Sustainable Development, 2014, 19: 83-91.

[127] THIMMEL M, FRIDGEN G, KELLER R, et al. Compensating balancing demand by spatial load migration - The case of geographically distributed data centers[J]. Energy Policy, 2019, 132: 1130-1142.

[128] NIU T, HU B, XIE K G, et al. Special coordination between data centers and power system considering uncertainties of both source and load sides[J]. International Journal of Electrical Power & Energy Systems, 2021, 124: 106358.

[129] ZHENG J J, CHIEN A A, SUH S. Mitigating curtailment and carbon emissions through load migration between data centers[J]. Joule, 2020, 4(10): 2208-2222.

[130] DEYMI-DASHTEBAYAZ M, NAMANLO S V. Potentiometric and economic analysis of using air and water-side economizers for data center cooling based on various weather conditions[J]. International Journal of Refrigeration, 2019, 99: 213-225.

[131] CHO J, LIM T, KIM B S. Viability of datacenter cooling systems for energy efficiency in temperate or subtropical regions: case study[J]. Energy and Buildings, 2012, 55: 189-197.

[132] LIU J, SU L, DONG K J, et al. Optimal setting parameters of cooling system under different climate zones for data center energy efficiency[J]. International Journal of Energy Research, 2021, 45(7): 10086-10099.

[133] 尚建选, 王立杰, 甘建平. 电石法和煤基乙烯法 PVC 碳排放分析[J]. 煤炭转化, 2011, 34(1): 74-77.

[134] ZHENG J J, CHIEN A A, SUH S. Mitigating curtailment and carbon emissions through load migration between data centers[J]. Joule, 2020, 4(10): 2208-2222.

[135] 朱洪林, 国强, 寿贝宁. "东数西算"全国一体协同数据安全防护体系建设思路初探[J]. 大数据, 2023, 9(5): 140-149.

[136] CRAIG G. A fully homomorphic encryption scheme[D]. Palo Alto: Stanford University, 2009.

[137] MCMAHAN B, MOORE E, RAMAGE D, et al. Communication-efficient learning of deep networks from decentralized data[C]//Proceedings of the 20th International Conference on Artificial Intelligence and Statistics. [S.l.:s.n.], 2016.

[138] DWORK C, MCSHERRY F, NISSIM K, et al. Calibrating Noise to Sensitivity in Private Data Analysis[C]//Theory of Cryptography Conference. [S.l.:s.n.], 2006.

[139] 易成岐, 窦悦, 陈东, 等. 全国一体化大数据中心协同创新体系: 总体框架与战略价值[J]. 电子政务, 2021(6): 2-10.

[140] 国家信息中心信息与网络安全部数盾研究小组. "数盾"研究与探索, 构建数据安全新

理念[Z]. 2022.

[141] 石勇, 寇纲, 李彪. "东数西算"战略与问题的分析研究[J]. 大数据, 2023, 9(5): 3-8.

[142] 邱勤, 徐天妮, 于乐, 等. 算力网络安全架构与数据安全治理技术[J]. 信息安全研究, 2022, 8(4): 340-350.

[143] 徐建, 郑伟, 郭晓春, 等. 新型数据中心网络安全体系研究[J]. 信息安全与通信保密, 2022, 20(7): 123-132.

[144] IDC, 浪潮信息. 2023—2024 年中国人工智能计算力发展评估报告[R]. 2023.